EL **PODER** *de tu cambio*

PERSONAL

Claudia De Angelis

Diseño de tapa: Guido Conroy

Modelo de tapa: Claudia De Angelis

Foto de tapa: Mariano Arriola

www.claudiadeangelis.com.ar

De Angelis, Claudia Gabriela

El Poder de tu Cambio Personal/

Claudia Gabriela De Angelis.

ISBN: 9798521751358
Sello: Independently published

REDES DE LA AUTORA

Canal de YouTube: Claudia De Angelis

Instagram: @cda.psicologia

Spotify: Podcast Psicología de Vida

EL PODER de tu cambio

PERSONAL

Claudia De Angelis

Este libro te dará respuestas a tantas preguntas que vienen a tu mente sobre tus deseos, emociones, relaciones, salud, futuro, propósito de vida, brindándote entendimiento de tus mecanismos, conductas y conformación de tu Ser.

A lo largo de este recorrido te iré explicando cuál es el secreto para lograr ese cambio que tanto necesitas y ansías. Cómo superar los obstáculos y hacerlo posible de la mejor manera.

Luego de años de estudio e investigación he descubierto cuál es la forma y quiero contártela en estas páginas. En estas vas a entender, aprender y poner en práctica las herramientas que te brindo para lograr estar mejor y llevar al máximo tus capacidades para alcanzar tu "poder personal".

Abordaremos mi técnica de manera fácil y ágil para que la puedas aprender y utilizar a diario.

Como este es un "libro inteligente" encontrarás ejercicios interactivos, escucharás mi voz guiándote a lugares infinitamente reconfortantes. Estaré muy cerca tuyo acompañándote a transitar "tu camino de crecimiento personal".

Al finalizar este libro te verás y sentirás como una persona nueva. Verás tu vida desde otra perspectiva, tendrás la posibilidad de utilizar todo lo aprendido para superar las dificultades que se vayan presentando en tu vida, podrás conectar y disfrutar más tu aquí y ahora viviendo tus días como un Ser más consciente y pleno.

01

LA EVOLUCIÓN DE LA PSICOLOGÍA

Los comienzos

Soy psicóloga recibida en la Universidad de Buenos Aires con varias ramas de especialización. Después de pasar por distintas escuelas de pensamiento y una ardua investigación decidí tomar lo mejor de cada una y fusionarlas con prácticas orientales.

A esta, mi propia escuela, la he llamado Psicoemoción, palabra formada por "psicología" y "emoción", dos conceptos que se fusionan dando paso a una nueva mirada, una nueva teoría de pensamiento por la cual te voy a guiar a lo largo de todo el libro.

Esta técnica tiene un resultado positivo, comprobado y sostenido en el tiempo, que hace de esta "terapia emocional" la oportunidad de superar traumas y el hondo sufrimiento que a veces padece nuestra alma.

La psicología ha debido trazar una nueva fórmula para brindarte los resultados que esperas. He descubierto cuál es la forma de hacerlo y te la compartiré aquí.

Esta manera integral de trabajar, plena de resultados a la vista, ha brindado a miles de pacientes la posibilidad de remitir enfermedades graves, síntomas recurrentes, bloqueos, crisis, y duelos en gran cantidad de casos que iremos viendo.

La psicología tradicional ha mostrado tener un techo y ya no alcanza para responder al ser humano moderno que se define como integral, complejo y evolucionado.

A mi entender, la psicología necesita crecer, redefinirse e incorporar técnicas que puedan abrir las barreras que nos dividen del inconsciente, ya que es allí en donde se encuentra nuestra sabiduría, las respuestas a nuestro padecimiento y las claves para alcanzar nuestro bienestar.

La técnica que utilizo para tal fin es la regresión a las vivencias traumáticas y la identificación de emociones en situaciones puntuales de la historia personal. Una vez reconocidas, se desactivan del cuerpo y se liberan.

La herramienta para logarlo es la hipnosis, que me permite trabajar con la persona en estado meditativo, facilitándole relajación, liberación de los pensamientos obsesivos y la desactivación de las emociones negativas que sobrecargan el cuerpo y la psiquis, logrando una solución de fondo y para siempre.

Las regresiones a las situaciones traumáticas le dan a la persona las respuestas y resultados que necesita en corto tiempo.

He obtenido hasta hoy. resultados impactantes en cuanto a la remisión instantánea de síntomas, angustias profundas, duelos, remisión de enfermedades tales como cáncer, autoinmunes, ataques de pánico y ansiedad, con cambios notorios e inmediatos en la calidad de vida y revelaciones sorprendentes al respecto.

La utilización de esta técnica y este estilo de trabajo me permiten acompañar y guiar a las personas por su camino de evolución con una enorme satisfacción por los resultados obtenidos.

De lo tradicional a lo integral

La psicología tal cual la conocemos trabaja por medio de la palabra.

La palabra nos conecta con nuestro interlocutor desde el hemisferio izquierdo, o sea, el lógico-matemático. Esto le da un carácter racional, descriptivo, donde se guía al paciente a analizar hechos de su vida a través de su comportamiento. La dificultad que podemos encontrar en este tipo de terapia es que el paciente controle las sesiones racionalmente, distrayendo la conversación, ocultando información, consciente o inconscientemente, evitando así abordar hechos importantes.

Cuando trabajo con psicología emocional, en adelante Psicoemoción, esto no ocurre porque lo hago desde el hemisferio derecho. Para eso necesito que la persona esté relajada. Poco a poco la voy guiando al reconocimiento de imágenes, llevándola a un estado de calma física y mental. Este proceso es requerido para desconectar de la realidad inmediata que la aleja de la esencia de sus emociones, de las respuestas y soluciones necesarias para aliviar su presente.

Muchas veces cuando a mis pacientes les pregunto sobre alguna impresión determinada de un hecho de sus vidas, me dan una respuesta, sin embargo, al abordarlo desde la meditación la respuesta es opuesta. Esto indica que la razón descriptiva en estado de vigilia no siempre coincide con lo que sentimos verdaderamente en lo profundo. Por ello la riqueza de esta modalidad de abordaje nos deja en claro que, estamos entrenados a responder desde la razón y el análisis de manera mecánica, lo cual no es coherente con la verdad de nuestro sentir respecto a la situación que estamos describiendo. En este caso, la persona puede ocultarme la información pero se le revela de manera clara y sensata, se le presenta vívida y contundente no pudiendo evadirla cuando se encuentra en estado de relajación. Si sus bloqueos son más graves, la información no sale a la luz hasta que se ejercita una y otra vez llevándola a superar las barreras que mantuvieron oculta dicha información.

La velocidad con la que a diario vivimos abomba nuestros pensamientos llevándonos a una realidad psíquica que hace que recortemos una porción de vivencias empañadas de emociones y las ocultemos en el inconsciente.

Pongamos un ejemplo: si varias personas presencian un accidente, una verá el drama de lo ocurrido y quedará conmovida, otra correrá a asistir al accidentado, otra llamará a la ambulancia, otra quedará paralizada y otra más despertará su morbo observando la sangre por todos lados sin hacer más que eso.

¿Por qué todos reaccionan diferente?

La respuesta es sencilla, cada uno responde según los patrones de conducta instalados a lo largo de su vida, conformados por emociones que han sido enterradas en lo profundo del inconsciente.

Las situaciones traumáticas o las crisis, por un lado, nos llevan a aprender y, por el otro, a ocultar aquellas emociones que no queremos volver a sentir. Para ello, generamos barreras defensivas y mecanismos de "veladura" que intentan garantizarnos que quedarán ocultas en el fondo de nuestro ser.

Expreso "intentan" porque hay una suerte de salvaguardo de nuestro equilibrio innato que genera grietas a modo de válvulas de escape para bajar los niveles de presión, cuando guardamos demasiado sufrimiento dentro.

Como si fuéramos una olla tapada a fuego máximo. Para descomprimir, debemos apagar el fuego, abrirla con cautela y liberar el vapor, vaciar el contenido del líquido, luego sacar lo que queda de sólido y, por último, limpiarla.

Esto es exactamente lo que somos, una olla, que en momentos de crisis estamos a punto de ebullición. No es suficiente bajar el fuego porque el líquido vuelve a subir, si no hagan la prueba.

El líquido representa las emociones, el sólido las situaciones vividas y la limpieza lo que tenemos que hacer a modo de toma de consciencia, observando en detalle que hay en nuestro interior, reconocer qué nos hace sentir y despejarlo parte por parte.

La psicología tradicional se basa en la palabra para describir emociones y esto no es suficiente. La palabra está conectada, como decíamos, a los ardides que tiene el hemisferio izquierdo para disfrazar, alterar y modificar la descripción de las emociones a nuestra conveniencia.

La franqueza de la Psicoemoción permite al paciente conmoverse por las emociones que resuenan dentro suyo al vivenciar los episodios dolorosos o traumáticos de su vida sin filtro, sin engaño, reconociéndolas, habitándolas y reaprendiendo a dejarlas ser, sin represión.

De este modo se logra limpiar y abrir los pasajes directos de la emoción hacia la superficie, sin el velo o disfraz que le impone la razón a fin de alcanzar un estado de coherencia. Logrando así un avance real en la superación del hecho, porque la coherencia evita el síntoma.

La posibilidad que nos regala una mirada integral del individuo es entenderlo de una manera más rica, pudiendo rápidamente ubicarlo en su problemática desde un lugar de mayor información.

Hacer de ello un ejercicio diario es nuestra misión en este libro. Tener las herramientas para definirnos y comprendernos desde este lugar abre para siempre un cambio de paradigma. Nos regala todos los colores del prisma, le da acceso a lo visible y a lo intangible, con lo cual, al final de este proceso, estaremos en otra posición para analizar, sentir y observar nuestra vida.

Todo comienza por uno, entendernos permite comprender a los demás, mirarnos diferente admite observar distinto nuestro entorno, dejar de juzgarnos nos habilita para liberarnos del juicio ajeno y entonces todo comienza a descomprimirse, encajando las piezas de este rompecabezas con más facilidad.

Los seres humanos somos complejos y simples a la vez: complejos, cuando no nos entendemos ni sabemos cómo salir de nuestros conflictos y, simples, cuando te muestre el camino que trazamos en nuestras vidas, de dónde venimos y hacia dónde vamos y cuáles son las reglas de juego mientras lo transitamos. Podrás descifrar de manera más sencilla tu vida y todo se volverá más simple de entender. Esto ocurrirá con vos y con los otros.

¿Comenzamos?

Micro y macro visión

Los seres humanos somos un sistema y además estamos inmersos dentro de otros sistemas y así sucesivamente.

Imaginemos un individuo que pertenece a un sistema familiar que funciona con reglas propias. Dentro de ese sistema se encuentran subsistemas: hijos, pareja, hermanos, cada hijo con cada padre.

El sistema familiar forma parte de otro mayor llamado barrio, club o escuela. Este a su vez se encuentra dentro del sistema ciudad y este integra el sistema país, continente, planeta, sistema solar, vía láctea y así hasta el infinito. De esta manera vemos al individuo con una mirada amplificada, abarcativa, una macro visión.

Asimismo, el individuo es un sistema conformado por subsistemas, psiquis, órganos, tejidos, músculos, que se organizan dentro de una dinámica que tiene un determinado funcionamiento.

Es decir, pensando de la misma manera pero con una perspectiva opuesta, desde la micro visión, encontramos: individuo, órganos, células, átomos, quarks, neutrinos y así sucesivamente.

Esta mirada nos invita a comprender que lo que es adentro es afuera y lo que es arriba es abajo. Nos lleva a la maravillosa noción de que es tan infinito el universo exterior que nos rodea, colmado de astros, estrellas y planetas, como el universo interior compuesto de células, ADN y moléculas. Cuanto más sutil y pequeña es la medición microscópica más parecido es al cosmos.

Podemos comparar una célula con la vía láctea, imaginando que está llena de átomos a modo de constelaciones, planetas, satélites y estrellas. Igual que la vía láctea se asemeja a un átomo formado por iones, neutrones y protones. Ambos se perciben de la misma manera. Llegamos al infinito, pero en este caso observando el universo de lo microscópico. El único límite que encontramos para lo macro y lo micro es la capacidad de medición que tenemos, ya sea un telescopio para observar un astro lejano al sistema solar o un microscopio para estudiar la partícula más ínfima que forma parte de nuestro cuerpo.

Este sistema de medición se coteja con la percepción del individuo en relación consigo mismo y con los demás, definiendo dos universos: el interno y el externo.

El individuo es parte de sistemas dentro de sistemas y debe entender que estos están en continuo movimiento. Ello significa que no puede controlarlos porque son enormes e infinitamente más grandes que sus posibilidades de cambio o injerencia. Por lo que debe adquirir las capacidades de moverse con el fluir interno y externo de los acontecimientos.

Si el sujeto comprende que puede trabajar en su propio equilibrio, no olvidando que también hay fenómenos externos que lo condicionan, es capaz de entender que a veces, por más trabajo interno que realice, los cambios externos tardan en manifestarse.

Si una persona enferma, muchas de esas funciones se desequilibran y necesitan reorganizarse para devolverle al sistema un nuevo equilibrio. Allí hay un mundo microscópico en juego que es extremadamente complejo e infinito.

Haremos una comparación entre átomo e individuo: el átomo está formado por el 10% de partícula, materia, y el 90% por vibración. Las ondas de vibración mantienen a las partículas en perfecto equilibrio a una distancia óptima, sin chocarse.

En el cuerpo humano, compuesto por átomos, las partículas crean sistemas físicos, órganos, sangre, músculos, tejidos, y la vibración es creada por las emociones. Esto significa que si las emociones están en desequilibrio la interacción entre partículas es desarmónica, y esta disfunción tarde o temprano llevará a las partículas a chocar, superponerse o colapsar, y esto en el cuerpo humano es igual a enfermar.

La medicina pone el foco en el síntoma —la enfermedad— e intenta a través de los químicos o intervenciones quirúrgicas reequilibrar el sistema físico. No obstante, si la vibración se mantiene disonante o sea si el campo emocional del individuo sigue enfermo, entonces por defecto las partículas volverán a colapsar y el cuerpo a enfermar.

Si la persona trabaja sobre la madurez y entendimiento de sus emociones es como trabajar en perfeccionar la parte vacía del átomo, la que comprende y conjuga la dinámica entre neutrones, iones y protones, el 90%, es decir, donde ocurre el milagro, donde se pueden generar los cambios.

La materia está dada, el cuerpo físico enfermó, está deteriorado y puede observase a simple vista, sus funciones están alteradas. Sin embargo, donde podemos hacer la diferencia y cambiar la dinámica para devolverle el equilibrio es en la energía que vibra entre las partículas, es decir, el cuerpo emocional.

Estos cambios a veces son rápidos y otras toman tiempo para manifestarse. La capacidad que tiene cada individuo es la que practicará la sanación y para ese fin te ofrezco mi libro. En caso de no poder hacerlo solo, la guía de un profesional de la inteligencia emocional formado para entender al individuo desde esta óptica y poniendo en práctica esta modalidad terapéutica —el abordaje del campo emocional— lo guiará con la finalidad de atravesar y decodificar este campo vibratorio conduciéndolo hacia la cura.

Esta mirada micro y macro también la podemos llevar a nuestra vida de relaciones.

Cuando estamos en una determinada situación tenemos dos maneras de vivenciarla: presente y emotiva, o neutra y alejada. A la cercana la llamo "mirada micro" porque nos acerca detalles, palabras, sensaciones, emociones, percepciones que solo podríamos tener si vibramos viva y activamente en relación con ese otro.

A la mirada más lejana la llamo "mirada macro" que es el poder de observar descriptivamente algo que está sucediendo en la vida presente.

Cuando sumamos estas dos miradas tenemos al alcance de la mano una de las herramientas más ricas que podemos encontrar porque si sentimos y nos dejamos conmover por una situación y, al mismo tiempo, nos despegamos de lo que sentimos y la describimos desde una mirada superior, más abarcativa, entenderemos la dinámica de juego en la que estamos participando.

Por ejemplo, imaginemos que estoy en mi casa leyendo y suena el timbre. No espero a nadie y además estoy tan inmersa en mi lectura que siento cierta incomodidad. El timbre vuelve a sonar y los pensamientos comienzan a correr. ¿Quién será? A esta hora no espero a nadie. Se suman a mis preguntas cierta inquietud, el apremio y la insistencia de la persona que sigue tocando el timbre no me deja descifrar mi proceso. Sé que estoy incómoda pero no reparo demasiado en ello, me levanto rápido dirigiéndome a la puerta para ver quién es y volver a mi lectura.

En el momento que abro me sorprende que la persona es alguien que no veo desde hace 20 años, con quien teníamos un vínculo muy estrecho y dejamos de vernos sin que yo entendiera el motivo, en ese entonces llamé para averiguarlo, pero nunca respondió y después de muchos intentos fallidos di vuelta la página.

En el párrafo anterior describo la escena desde una micro visión, que serían los detalles de mis acciones, pensamientos y sensaciones con respecto a una escena determinada en un recorte de tiempo, pero ¿qué hay del macro de esa escena recortada en este aquí y ahora? ¿A qué otro sistema pertenece? ¿Qué hilos conectan a esa persona con la otra? ¿Esos hilos se han repetido en otra ocasión? ¿Cuántas veces en su vida sufrió lo mismo? ¿Acaso es un rol repetido? ¿Qué emociones surgieron en esos minutos? ¿Son emociones que suelen padecerse? ¿Puedo identificar cada una? ¿En qué posición me puse ese día y qué pude aprender?

La respuesta a todas estas preguntas nos permiten esbozar un mapa en el que podemos vernos desde arriba, como si diseñáramos un recorrido analizando de manera objetiva y distante el episodio en sí, lo que ocurrió fácticamente, en qué contexto y para qué.

Al descifrarlo y analizarlo aprendemos mucho sobre nosotros mismos, si hay repetición en el rol o si la posición en qué nos encontramos es por primera vez. Si este tipo de situación, en la que quedamos sin respuesta por parte del otro luego desaparece de nuestra vida es algo que se repite con frecuencia, qué importancia afectiva tenía esa persona y cómo sentimos que habíamos actuado con respecto a ella durante la relación. Entender qué conducta asumimos a partir de esto. Si consentimos nuestras emociones o las guardamos y bloqueamos.

Significa que de cualquier hecho de tu vida se puede sacar mucha información que dibuja una ruta, por donde transitar y que esa información te indicará de qué manera capitalizar cada experiencia.

Las personas que habitan desde la mirada micro viven continuamente "un drama existencial", consideran que todo les sucede a ellas, que no hay algo bueno para ser vivido, se victimizan o por el contrario son extremadamente racionales. Cualesquiera de estas posiciones empobrecen el camino de vida porque la mirada es al ras, a la altura del piso, lo que las deja metidas en la situación sin perspectiva. Si no tomamos distancia y nos elevamos para ver con claridad, no podremos entender que hay un continente mayor que nos agregará sentido al hecho recortado.

Si nos acercamos demasiado a una obra de arte, por ejemplo un cuadro, a diez centímetros de distancia, solo observamos la pincelada aislada del artista. Si nos vamos alejando la pintura cobra sentido porque está conectada con otros trazos. El conjunto de trazos conforma junto a nuestro ojo un sentido mayor. La expresión sentida del pintor sumada a todo lo anterior otorga un significado aun más grande. Por lo tanto, cuando la tela, los trazos, los colores, la distancia, el ojo, la percepción del observador, la luz que lo ilumina, la intención del artista se combinan todo este mundo adquiere un significado que el ojo pegado a la tela no logra ver.

Así son las situaciones que vivimos a diario, depende en donde estemos parados para interpretar de qué se trata lo que está sucediendo y qué podemos sacar en claro de esa experiencia. Si estamos a unos pocos centímetros percibimos acotado, con una intensidad a veces exagerada ya que estamos muy cerca de la emoción que nos genera y con una vista parcial de esa realidad. A medida que nos alejamos vemos el entorno, contexto y entendemos mucho más del "para qué".

Después de leer este libro adquirirás todas las herramientas para hacerlo y podrás desdoblarte y observarte a distancia para comprender el sentido de una situación, por qué aparece en tu vida y para qué está ocurriendo.

Las razones en el ejemplo dado de la persona que toca timbre inesperadamente pueden ser: analizar la repetición de abandono, la entrega excesiva, la confianza, aprender a seguir adelante sin tener la oportunidad de poner fin a una relación, encontrar si en la infancia sucedió algo parecido por parte de algún familiar directo, la autoestima, el sentirse no querido o suficientemente valioso para obtener respuesta del otro lado, entre otras. Cada episodio encuentra un marco más acotado en la historia individual, esta interpretación efímera es a modo de muestra para que entiendas el concepto general.

Hay otra mirada micro y macro con respecto a situaciones diarias, por ejemplo, cuando estamos con nuestra pareja en una situación que nos incomoda y en lugar de explicarle lo que sentimos, comenzamos a dramatizar y a exagerar nuestro descontento para manipular la situación y llevarla a un lugar de mayor control en la que el otro, frente a nuestro desborde, se ocupe de aliviar el mal momento haciendo lo que queremos, mimarnos, atendernos y así calmarnos.

En este caso, la macro mirada consiste en saber que estamos molestos porque queremos conversar con él o ella que está haciendo otra cosa. Sin embargo, en lugar de plantearlo de manera clara y objetiva o esperar que se desocupe nos exacerbamos. En ese instante que subimos el tono y actuamos el descontento, sabemos, desde nuestra mirada macro —objetiva y neutra— que no estamos tan enfadados como nos mostramos frente al otro, estamos actuando, sin embargo, seguimos adelante.

La micro mirada es la actuación misma de lo que sucede en el plano, estamos con el otro gritando y reprochando. La mirada macro, neutra, consiste en reconocer que estamos molestos por alguna situación determinada, cansados de ocupar ese rol.

Entender el micro y macro ayuda a que en ese instante, en que estamos increpando sabiendo que manipulamos para hacerle sentir al otro responsable y culpable, podemos habitar nuestra macro visión y elegir terminar con eso, bajar la voz, calmar los ánimos y conversarlo cuando sea el momento indicado.

La mirada macro mejora nuestra calidad de vida porque nos sumerge en un mundo de sistemas, dentro de sistemas, entendiendo que todo pertenece a una trama mayor a la que vemos frente a nuestro ojos y que si la practicamos podemos tener mucha información sobre nuestro mapa de vida. Entender la trama alivia la posibilidad de repetir patrones que nos lastiman y dañan, ya que al verlos a la distancia de manera objetiva cobran significado y claridad. Nuestra vida se vuelve menos dramática, dándonos la posibilidad de no caer en nuestras propias trampas, volviéndonos más sinceros en cuanto a nuestro sentir y decir.

Poniendo en práctica la macro mirada, nuestra vida adquiere significado y nos facilita el camino que, de otra manera, se hace arduo y engorroso porque el malestar que proyectamos a nuestro alrededor y el drama con que traducimos nuestra vida será el entorno en donde esta transcurra.

El ser y el mundo que le rodea

Cuando comenzamos a tomar consciencia de lo que somos y representamos en esta Tierra se abren mil formas de pensamiento. Durante siglos, los filósofos se han recreado con esta idea, pero pensar sobre nuestra existencia humana no es tema del que solamente se ocupen los filósofos, también las personas comunes y corrientes nos preguntamos todo el tiempo sobre nuestra existencia, cuál es el sentido de habitar este planeta y nuestra misión de vida. Lo que se ve hoy más que nunca es que las personas quieren aprender a vivir de modo más consciente. Muchas veces, sin saber de qué se trata ni cómo lograrlo, pero sabiendo que es este el punto donde se detiene su pensamiento existencial. Querer vivir conscientes.

En tantos años de profesión, cada vez escucho a más personas preguntarse cómo hacer para aprender a vivir mejor, de qué manera dejar una huella en este largo camino y cómo descubrir su propósito de vida.

Frente a preguntas tan importantes, las respuestas que encontramos parecen muy pequeñas.

Hallar nuestro propósito, el para qué de estar vivos, no tiene una gran explicación desde el intelecto. La respuesta directa se encuentra en la naturaleza, y es simplemente existir de la manera más armónica posible en el medio ambiente. Esto que es tan sencillo para los animales es extremadamente difícil para los humanos, la razón nos aleja radicalmente de nuestro objetivo principal, adaptarnos al medio que fluctúa constantemente.

Los humanos no nos sentimos cómodos con los cambios, nos encanta ejercer control sobre todo y todos para sentir esa "falsa seguridad" que intentamos asiduamente instalar en nuestras vidas. A través de los siglos, hemos ejercido esta presión sobre la naturaleza y cuanto ser vivo hubo a nuestro alrededor.

Los estudios han determinado que el ser humano es el más destructivo del planeta por su ambición desmedida y la necesidad de crearse un resguardo casi inmóvil que le garantice seguridad. Esta ambición se retroalimenta hasta llegar a la voracidad, y esa es la huella que hasta hoy hemos dejado en la Tierra.

Desde los *neandertales* hasta hoy, la evolución de la especie humana ha sido inversamente proporcional a la evolución del planeta y al resto de las especies. En cuanto los individuos desarrollaban y adquirían mayores capacidades organizativas, más destruían el medio a su alrededor. Después de la aparición del *homo sapiens*, que comenzó como cazador-recolector, se ha registrado cada vez más pérdidas de especies animales, esto significa que el hombre a medida que "evolucionó" se aisló de su medio ambiente, apoderándose de este sin ser parte, sino controlando y empobreciendo todo a su alrededor.

En la era agrícola y luego con la industrialización, se agravó aun más. El hombre asociado con otros devastaba los recursos naturales para generar más alimento a fin de satisfacer una población creciente. Los grupos humanos se fueron agolpando en ciudades contaminando su derredor.

Hoy nos encontramos con una humanidad colapsada, en crisis, y como tal surgen ideas para mejorar la calidad de vida, entendiendo lo que olvidamos hace tantos miles de años, que si no volvemos a transformarnos en uno con nuestro medio y lo protegemos nos quedaremos sin recursos para sobrevivir mucho antes de lo que habíamos imaginado.

Es real que el hombre no percibió que el crecimiento agrícola-industrial devastaría de tal manera el planeta y sus recursos vitales, agua, aire, vegetación, sino que enceguecido por sus propios intereses podría sacar de la naturaleza lo que quisiera en forma desmedida sin devolverle nada, contaminando, por ejemplo, ríos y mares con sus desechos y productos químicos, considerando que el planeta era tan vasto como infinito y entonces no reflejaría la menor marca de su abuso.

Diría que el recolector que existió hace miles de años se ha vuelto con el paso del tiempo en devorador.

Una vez más el hombre estaba equivocado, su voracidad sí tuvo consecuencias y son las que sufrimos hoy. No es acertado pensar que existimos por nosotros mismos y que podemos tomar lo que se nos venga en gana sin entender que formamos parte de un todo y que este ecosistema tiene su propio balance que tiende a volver a su equilibrio una y otra vez, con o sin el ser humano. Como tampoco podemos tomar del vecino lo que queremos por el simple hecho de desearlo. Siempre somos responsables de nuestros actos.

Estamos viviendo en carne propia los resultados de conductas humanas que se han repetido por siglos y es muy interesante porque somos protagonistas de un salto cuántico que está viviendo la humanidad. Ser y existir en armonía con el mundo que nos rodea.

No lo habíamos entendido y el planeta se encargó de hacérnoslo saber, contaminación, cambio climático, polución, pestes.

Siempre las crisis son una oportunidad y esta es una grande, probablemente de las más grandes que tengamos la oportunidad de vivir transitando nuestros procesos internos en armonía con los externos. De nada vale que trabajemos en nuestro interior si continuamos generando desperdicios, contaminando y malgastando recursos. Aunque estemos en equilibrio interno si el exterior está detonado nos afectará biológica y psicológicamente de modo inexorable.

No hay modo de habitar aislado del medio y es algo que tenemos que entender cuanto antes, de esa manera el afuera calmará su intensidad y todo volverá a su equilibrio. La homeostasis de la naturaleza es más fuerte que el capricho de la especie humana y siempre nos ganará la pulseada.

Los seres humanos actúan de manera dual y lo han demostrado a lo largo de su existencia. Cualquier descubrimiento se utiliza positiva y negativamente a la vez.

Tomemos el ejemplo de la agricultura que se inició como una forma de organizarse y de producir alimento a mayor cantidad de personas, sin embargo, se aniquilan enormes extensiones de bosques para cultivar y criar ganado, pero ninguna de estas fuentes están alimentando mejor a la humanidad. Las tierras se fumigan con químicos tóxicos y los animales se alimentan con granos para engordarlos en menor tiempo, lo cual resulta nocivo para la salud, por lo tanto, su origen no condice con el resultado obtenido.

Así con todo lo demás, pensemos en el descubrimiento de la energía atómica, por un lado nos dio la posibilidad de descubrir aparatos de medición como el resonador magnético o el tomógrafo para alargar la calidad de vida y, por otro, para crear un arma con un poder devastador inimaginable. El ser humano tiene la capacidad de crear para el bien y para el mal y aquí estás, leyendo este libro para intentar estar cada día mejor y ser mejor persona.

¿Cómo revertir entonces esta ola que parece llevarnos sin remedio?

La respuesta radica en estar conscientes de que somos individuos en un mundo que es parte de nuestro cuerpo, que tiene injerencia directa en nuestra psiquis si bien no lo hayamos notado y que todo se trata de sistemas dentro de otros, donde el equilibrio de uno es el equilibrio del otro. Pensemos en el ejemplo de la pandemia causada por el Covid 19, mucha gente se sentía bien con sus vidas, sus ambiciones se cumplían paso a paso y, de repente, el exterior marca un cambio abrupto que modifica la psiquis de millones de personas que pasan de vivir plenas a existir imbuidos en el miedo e incertidumbre. Aquí el fenómeno apareció del entorno, del exterior, pero de un medio alterado por la desidia humana.

Estos fenómenos que parecen externos no lo son, sino que tienen relación directa con nuestros actos, elecciones de vida, y son el resultado del abuso ejercido por cada uno sobre el planeta. Nosotros somos responsables porque en nuestros hogares consumimos plásticos por demás, derrochamos el agua, no le prestamos atención al componente de sustancias con las que están hechos los alimentos empaquetados comprados en el supermercado que llevamos a nuestro organismo, porque no somos considerados en cuanto a disminuir el uso de energía, y la lista continúa.

Si haces pequeñas modificaciones en tu conducta y costumbres, desde el mismo instante en que estás leyendo este libro, generarás un impacto tan grande que lo verás plasmarse pronto, porque millones de pequeños actos forjan inmensos cambios.

No mires afuera, no condenes, el tiempo es precioso, utilízalo para cambiar acciones diarias que ayuden a tu medioambiente.

Como decía más arriba, estamos a la puerta de un cambio milagroso, la posibilidad de pensar en una transformación conjuntamente con el medio, sabiendo que una parte de la humanidad querrá especular de modo negativo sobre estos cambios, sin embargo, otra más grande —porque te comprende a vos— que cada vez es mayor, desarrollará una consciencia colectiva.

Esta es la era tecnológica, acaba de terminar la industrial y consumista, entramos a una nueva era. Como tal, nos encontramos nuevamente entre dos grupos: los que quieren con su mal uso apoderarse de todo lo posible y, por otro, los que hacen de este recurso aéreo e intangible y como tal abarcativo e infinito, una mejor forma de vida.

Muchos infectarán las redes con ideas de conspiración y falsa información para asustar y así dominar, y otros millones compartirán de modo global información sobre cambios necesarios con respecto al planeta, alimentación, invenciones que generarán recursos renovables, sustentabilidad, descubrimientos que se propagarán de forma gratuita a todos. Lo que nos brinda la tecnología es la posibilidad de llegar a todas partes, si es bien utilizada es una de las herramientas globales más fabulosas jamás inventada.

Los más abusivos querrán seguir enriqueciéndose a cualquier precio y lo intentarán a través de las redes, propagando mentiras con falsos modelos a seguir, otros millones las utilizarán para informarse sobre descubrimientos, mejoras, salud, para mantener sus actividades en cualquier lugar del globo, para comunicarse online con familiares y afectos.

Este mundo cambiará de manera inimaginable en los próximos años y no solo seremos protagonistas, sino que estaremos sentados en primera fila.

Siempre habrá dos bandos, entonces no perdamos tiempo en idealizar un mundo mejor, hagámonos eco del cambio consciente, chequeemos la fuente de la información que nos llega, compartamos las buenas noticias e impulsemos a quienes están a nuestro alrededor a obrar cada día con mayor responsabilidad y coherencia, no obstante siempre empecemos por nosotros.

Estamos a las puertas del cambio más importante de los últimos siglos, tenemos el gran honor de ser parte de esto, no perdamos ni un minuto en distraernos mirando para el costado, estemos atentos y sobre todo obremos con sentido común. Para llegar a este estado, me agrada pensar en la naturaleza y sentirme que soy parte de esta, una pequeña parte, como una hormiga o una abeja que trabaja en comunidad. Ellas no se plantean su propósito o misión, ni ambicionan recolectar más néctar del que necesitan consumir, solo hacen lo que tienen que hacer. El trabajo individual es el éxito de todas y la perpetuación de la especie, en armonía y siendo solo un engranaje del sistema.

Hoy más que nunca se nos propone un cambio. El bien común dibujará el camino a seguir de toda la humanidad. Hasta hoy el beneficio de unos pocos se ha llevado puesto el equilibrio de millones, cambiemos esto desde este instante, desde cada uno de nosotros.

A partir de ahora nos introduciremos en el trabajo y cambio personal, pero no podíamos hacerlo sin antes entender que estamos inmersos en un mundo que es afuera como es adentro y viceversa.

Experiencia de aprendizaje
Camino del alma

La psicología tradicional de los últimos tiempos niega la existencia del alma, no la toma en cuenta ni la considera para la descripción de la psiquis, pero llamativamente, en sus principios, la psicología se definía desde allí.

La palabra psicología significa "ciencia del alma", proviene de las palabras griegas *"psyche"*—alma— entendida como la que da vida al cuerpo y *"logos"*—ciencia o tratado.

¿Dónde quedó este concepto? ¿En qué se ha transformado la psicología actual que se define a sí misma como ciencia de la conducta?

Con el paso del tiempo y las diferentes miradas —imbuidas por el pensamiento y creencias de cada época— la psicología fue evolucionando, cambiando el objeto y concepto con el cual se definía. También ha cambiado la metodología y la relación entre profesional, especialista, sujeto supuesto saber y paciente, cliente o consultante.

La psicología fue fusionándose poco a poco con la medicina para garantizar su cercanía a la ciencia y de esa manera seguir siendo acreditada. Esto hizo que el diagnóstico y las patologías fueran sus ejes fundamentales, quedando totalmente negado el concepto de alma, emociones y también el estudio más profundo de los procesos inconscientes.

Esta disciplina se volvió descriptiva y empírica, acotando el complejo proceso de la psiquis a una mera descripción conductual. Ha olvidado sus orígenes para volverse mecánica e impersonal. A fines del siglo XIX, la psicología pasa definitivamente de ser una ciencia del alma a transformarse en ciencia de la mente, pero no una mente que considera ambos hemisferios, sino un cerebro racional que describe y analiza conductas, actos y situaciones para concluir en patrones de conducta.

Se aleja de lo espiritual, integral y abarcativo para centrarse en la demostración empírica de los procesos mentales. Deja de lado los intrincados procesos inconscientes para intentar explicarlos a través de la consciencia y la razón, empresa imposible. Aun así tergiversa todo lo posible para poder armar una nueva teoría de pensamiento científico.

A mediados del siglo XX sufre otra transformación y en lugar de ser descriptiva es conductual, considerando que lo único que se ve es el impacto que genera el entorno en el individuo y su conducta, alejándose definitivamente de las emociones, sentimientos y pensamientos porque no son observables y, por lo tanto, incomprobables desde la ciencia.

Con el paso del tiempo el individuo cambia de creencias y su entorno le induce a formularse distintas preguntas, el pensamiento humano y sus interrogantes existenciales siempre evolucionan y con estas la psicología.

A mediados de los años 60, la psicología retorna a la idea de la importancia del inconsciente en los procesos mentales sumando estos a los procesos interiores, emociones, sentimientos y pensamientos.

Hoy por hoy la psicología intenta explicar cómo sentimos, percibimos y aprendemos. Cómo nos adaptamos al medio resolviendo problemas y cómo nos afecta el entorno social en que vivimos. Por lo que sigue intentando evolucionar y ser cada vez más abarcativa y comprensiva. Sin embargo, a mi modo de ver sigue siendo insuficiente, se pierde en una mirada que a pesar de resultar más amplia no llega a ser integral, se olvida del alma.

Al nacer o encarnar, para quienes creemos en eso, el alma elige un cuerpo que habitará y en donde podrá transitar la experiencia para la que fue diseñado.

Si empezamos a partir de este punto, el pasaje por la vida nos propone entonces un plan a seguir. En dicho plan encontraremos a cada tanto marcas, postas o mojones que nos indicarán a que altura de la ruta estamos. Nos darán el aviso de curva, puente, disminución de la velocidad a medida que avancemos en nuestra encarnación.

Si estamos despiertos, atentos, escuchando música, de buen ánimo y hemos revisado el auto antes de salir, el viaje probablemente será muy apacible y agradable. Si llegáramos a tener un percance podremos resolverlo sin demasiada contrariedad. En cambio, si estamos de mal humor, contrariados o con la cabeza abrumada de pensamientos que nos llenan de pasado —lugar que acabamos de dejar— o futuro —lugar al que nos dirigimos— el viaje será tortuoso. Si tuviéramos un inconveniente o imprevisto nos irritaríamos más, haciendo del viaje algo insoportable.

La vida es exactamente eso, un viaje por la ruta en donde todo depende con qué ánimo contamos para transitarlo, y cómo prevenimos y preparamos el auto en el cual viajaremos.

Muchas veces hemos leído la frase de que la vida es lo que sucede mientras nos trasladamos de un punto al otro, y eso es exactamente lo que trabajaremos en este libro. Nos encontraremos con las dificultades que trajimos hasta aquí, revisaremos las heridas y emociones que bloquean la posibilidad de vivir plenos, felices y sintiendo que fluimos de un punto al otro, con la menor cantidad de peso posible. Peso de carga, pensamientos y obligaciones. Pensemos en lo incómodo que es viajar en un auto sobrecargado de equipaje, nos resulta pesado para cargar y descargar y llevamos extra peso lo cual tampoco es bueno para el auto.

Imaginemos el siguiente ejemplo: si ignoramos una señal de aviso de velocidad, obra en construcción, disminución de calzada o neblina, lo más factible es que corramos un riesgo innecesario. Muchas veces la limitaciones disparan en nuestro interior reacciones que lo único que logran es exacerbar los contratiempos, y eso ocurre cuando no fluimos con el devenir, cuando estamos tan cargados internamente que proyectamos una realidad negativa.

Si en lugar de atender las señales como un aviso de prevención, las sentimos como un límite o algo que la vida nos hace, perderemos la posibilidad de tener un viaje placentero.

Quiere decir que es tan importante lo que sucede en el exterior como lo que habita en el interior.

Ahora bien, imaginemos que encontramos un banco de niebla en la carretera y en lugar de disminuir la velocidad, como indican los carteles viales, aceleramos para atravesarlo lo antes posible. Lo que ocurre es al revés de lo que pensamos, lejos de superarlo ponemos la vida en peligro porque aceleramos cuando tenemos que frenar. A diario, la vida marca el paso y nos revelamos frente a eso. Queremos que nuestros deseos marquen el tiempo y que todo se ajuste a ese requerimiento.

Cuando consideramos que el alma encarna con una misión entendemos que la única responsabilidad, de todo lo que nos sucede en la vida, es nuestra. El alma elige un aprendizaje y desarrolla ciertas fortalezas, para ello necesita determinadas escenas que nos ubiquen en el contexto adecuado para desafiar la puesta en juego de esos recursos que al principio son débiles, sin embargo, con la repetición constante logramos fortalecerlos.

Esta es la base que nos permite entender el porqué ciertas situaciones que nos hacen sufrir se repiten una y otra vez. La posibilidad de identificar qué es lo que debemos de aprender iluminará el camino y lograremos sufrir cada vez menos. Comprender que las señales de la ruta juegan a nuestro favor y no en contra, favorece a la relajación y al fluir con los acontecimientos que experimentamos durante el camino. En los próximos capítulos me ocuparé de explicar y enseñarte cómo hacerlo paso a paso.

Entonces, el pasaje del alma por esta experiencia elegida se trata de un continuo aprendizaje, viviendo dificultades y fortaleciendo nuestros recursos.

Si tememos manejar, la ruta se dibujará entre altas montañas para que experimentemos una y otra vez el miedo a la altura hasta superarlo.

Si tememos a la soledad, en algún momento nos quedaremos sin compañero(a) y aprenderemos que podemos hacerlo solos y disfrutarlo plenamente.

Te invito a que pienses sobre la ruta que te ha tocado hasta aquí. ¿Cómo te sentiste? ¿Qué te faltó? ¿Con qué te sentiste a disgusto? ¿Qué hubieras cambiado? ¿Intentaste y no pudiste? ¿Qué te permitió esa experiencia?

Te propongo un ejercicio de visualización guiada para hacerlo más entretenido. Coloca tu teléfono celular sobre la siguiente imagen QR.

Ejercicio: La ruta de la vida

02

¿QUIÉNES SOMOS?

Los cuatro cuerpos que conforman el Ser

Somos seres integrales formados por cuatro cuerpos: mental, físico, emocional y espiritual.

Todos importan por igual como si fueran las patas de una mesa. Encontrar el equilibrio entre estos permite que la mesa sea funcional, útil y que conformemos nuestro Ser en plenitud.

Comencemos a describir cada uno.

El cuerpo mental

Está principalmente reglado por el accionar del pensamiento y la razón. Para que esté en equilibrio debemos aliviar la densidad de los pensamientos obsesivo-compulsivos y llevarlos al plano intelectual.

El intelecto nos sirve para acopiar información, procesarla y ponerla al servicio de lo cultural y profesional, utilizarlo para el análisis y explicación de los fenómenos.

Los pensamientos no deben dominarnos pero nosotros sí a ellos.

Con la Psicoemoción aprendemos a encauzarlos, a ejercitar la mente, a dominar la razón, quitándoles el protagonismo y desviando la atención hacia la consciencia, o sea, a la mente en estado de expansión.

La razón es el cerebro del cuerpo y la consciencia —el inconsciente para los psicólogos— la mente del alma. La razón la localizamos en el hemisferio izquierdo y la consciencia en el derecho. La razón nos ayuda con el análisis lógico matemático, las ciencias exactas, la lógica descifrada, lo previsible a partir de fórmulas de medida, peso y volumen.

En cambio, la consciencia no es mensurable, no se rige por ninguna lógica descifrable del hemisferio izquierdo. No tiene límites, bordes, peso ni forma. No hay definición para lo que ocurre allí dentro. La conciencia abarca las emociones y las capacidades mentales como la intuición, la clarividencia, la premonición. Es como la caja de Pandora donde todo es posible, allí podemos encontrar un jirafa con cabeza de manzana que hable japonés.

Para comprender con mayor facilidad cómo interpreta un mismo fenómeno cada parte del cerebro, propongo el siguiente ejemplo: si le preguntas al cerebro ¿qué es el miedo? El hemisferio izquierdo responderá definiendo tal sentimiento, sus características descriptivas, y podrá describir algunos de sus síntomas o efectos. El hemisferio derecho, en cambio, lo sentirá. Generará una escena que lo simbolice para que comiences a sentirlo de inmediato.

Hagamos un pequeño ejercicio: intentemos explicar el amor, tomándonos el tiempo necesario y con el vocabulario que encontremos, para ello utilizaremos el hemisferio izquierdo que proveerá todas las palabras precisas que tengamos en los archivos de la memoria.

Al cabo de un rato estaremos conformes o no con nuestra definición, sin embargo, esto no es relevante en el ejercicio.

Ahora cerremos los ojos por unos minutos, viajemos en el tiempo a un momento que hayamos sentido muchísimo amor. Concentrémonos en sentirlo lo más intenso y profundo que podamos, dejándolo expandirse en nuestro interior. Percibamos la sensación que nos recorre, la vibración y la energía que aflora, quizá se nos llenen los ojos de lágrimas o nos inunde una sensación de calor por el cuerpo.

¿Acaso podemos poner en palabras ese sentir tan intenso que acabamos de experimentar? La respuesta es no.

No hay forma de expresar con palabras, es decir, con la razón la magnitud de una emoción. Las palabras quedan cortas, resultan pobres ante un sentimiento, sea cual fuere, y no tienen manera de hacernos saber qué es verdaderamente.

La emoción habita en el hemisferio derecho, el mundo de las sensaciones y vibraciones, allí está la sabiduría. En tanto el conocimiento se archiva en la parte izquierda.

Es muy importante saber cómo se compone el cuerpo mental, sus capacidades y lo poco desarrollado que está. Con mucha suerte desarrollamos el 15 o 20% en toda nuestra vida. El porcentaje restante está latente y se vislumbra involuntariamente cuando percibimos algo antes de que suceda, a modo de premonición, intuición. O cuando advertimos sonidos o aromas en un momento significativo de nuestras vidas sin encontrar el estímulo que lo provoca. Cuando soñamos con alguien que hace años no vemos e insólitamente al día siguiente lo cruzamos en una calle. Hay personas que ven energías que otros no, e infinidad de fenómenos que son mucho más frecuentes de lo que creemos.

Todo este potencial lo contiene el derecho, esta información puede desarrollarla cualquier persona, alcanzando un estado de revelación y conocimiento previo de muchos sucesos junto con el desarrollo y refinamiento de la intuición para anticipar y proveer situaciones que le facilitarán su vida y su andar.

Encontrar la vía de acceso al hemisferio derecho es habilitar la puerta de entrada a la sabiduría de todos los archivos de la humanidad. Es la apertura al canal de recepción de inventos y conocimientos superiores sin la impronta del *ego* o del cerebro, acotado por ideas y teorías limitadas.

Los inventores y genios de la humanidad tienen un desarrollo innato de este hemisferio, un cierto grado de "locura" que los distingue de los humanos corrientes. Ahora, todos tenemos la posibilidad de desarrollarlo ejercitando la meditación y el adormecimiento del hemisferio izquierdo —la razón que nos ubica en un determinado tiempo y espacio— y así despegar del cuerpo físico, traspasando los umbrales de la división de hemisferios. Para luego navegar el hemisferio derecho liberándonos de las emociones que traban y ensucian este canal.

Sin un trabajo profundo de liberación de emociones no es posible desarrollar un canal limpio y puro de esta sabiduría. Para comenzar a lograr este gran salto cuántico está diseñado este libro.

Otras personas que dominaron la mente del alma y los estados de conciencia expandida fueron Jesús y Buda. Si analizamos como lo hicieron, dejaron de lado la razón para internarse en las profundidades de la consciencia, una vez superados los límites de sus cuerpos, la razón y el freno de sus emociones.

Como profesional fui descubriendo las habilidades superiores de la mente casi sin querer. La formación académica en psicología tradicional y en psicoanálisis no eran suficientes para los resultados que quería obtener de sanación de mis pacientes.

Al comenzar un camino introspectivo y de conocimiento de mi propio Ser a través de experiencias como la meditación y la visualización creativa —y después de un curso de hipnosis en donde tuve un encuentro con imágenes muy significativas que trasformaron mi vida— comencé a descubrir que había mucho oculto en la mente y lo que había estudiado hasta ese entonces no podía responder mis interrogantes.

Mis inquietudes eran cada vez más grandes hasta que dejé llevarme por la intuición, e incorporé ejercicios vivenciales a mis prácticas terapéuticas, guiando a mis pacientes hacia esos momentos sabiendo que su inconsciente me conduciría a la clave, al nudo del conflicto. Si lograba vivenciar las emociones sufridas conseguiría despegar la emocionalidad del trauma y dejarlo guardado para siempre en el pasado.

Así sucedía una y otra vez, y mis pacientes remitían síntomas que parecían irreversibles. Dándome cuenta que mi hipótesis se confirmaba. Solo quedaba esperar un tiempo considerable para saber si volvían a aparecer. Y así sucedió, evitando que personas reincidieran en intervenciones quirúrgicas sin obtener el efecto deseado, con solo identificar que esos órganos no estaban enfermos, sino saturados de emociones estancadas. Resultados de laboratorio e imágenes posteriores confirmaban el cambio de estado, desapareciendo manchas o índices anormales.

La sorpresa y la alegría fueron inmensas, con los años perfeccioné mi trabajo para lograr la temática que desarrollo en este libro lo más claro, simple y didáctico posible, a fin de ser comprensible a quien llegue a sus manos. Ya sea una persona sin estudio sobre psicología o psicólogos y psiquiatras a quienes he tenido el inmenso gusto de atender y de contagiar este conocimiento para que lo sumen a sus formas de abordaje en pacientes.

Una vez que se transita por una vivencia semejante, la revelación de la conciencia superior es tan grande y conmovedora que despierta una verdad profunda e irrefutable que nos dice que eso es así, como lo estamos sintiendo.

La verdad más profunda es la que habita nuestra víscera, lo más profundo de nuestro Ser. Es una revelación que ocurre en menos de un segundo, algo que se revela antes de que pongamos en juego la razón, ese microsegundo es la pura verdad sin intervención de la razón o *ego*. También ocurre cuando conocemos a alguien, el primer instante es puro y nos da información precisa de quién es ese otro, cómo vibra, si es confiable, si hay atracción o no, si es bueno vincularnos. El desarrollo de este microsegundo se logra habilitando el recorrido de los hemisferios, la descripción minuciosa que estamos haciendo para determinar cuando estamos en uno o en otro sector, el desarrollo de la conexión entre ambos, la exploración y el conocimiento de cada uno.

Volviendo a la ejercitación del cuerpo mental, es importante que se encuentre en equilibrio, armónico, para eso es necesario sentir la zona despejada, sin presiones ni cargas, sin ansiedad ni inquietud.

Un buen ejercicio de visualización para esto consiste en cerrar los ojos e imaginar que nuestro cerebro es un recipiente cuyo drenaje está en la parte inferior cerrado con un tapón rojo.

Observamos el interior, si lo encontramos cargado, vemos qué efecto nos provoca y lo identificamos, si es presión, dónde la sentimos, si es un pinchazo lo dejamos manifestarse intentando acompañar la sensación aunque sea molesta, así le dedicamos un rato a la observación de las molestias que genera esa carga. Una vez reconocido el contenido, nos dirigimos al tapón, lo abrimos y procedemos a vaciar el recipiente, limpiando y liberando los pensamientos densos, acompañándolos en su curso. Inspirando una y otra vez, sintiendo que el aire nuevo que entra empuja todo el contenido hacia el drenaje, empujándolo y liberándolo. Una vez que lo dejamos vacío, lo llenamos con luz brillante, cristalina, límpida y lo tapamos.

Este ejercicio nos permite acceder a una mente aliviada y despejada. Lo podemos realizar las veces que queramos, es una excelente manera de entrenar a la mente para que esté despejada.

Si quieres mi guía para este ejercicio, coloca tu teléfono celular sobre la siguiente imagen QR.

Ejercicio: Liberar tu mente

Hay otro ejercicio que llamo "archivos de la mente", lo suelo hacer con estudiantes que no pueden concentrarse y deben rendir un examen.

Cerramos los ojos, comenzamos a respirar lo más profundo posible, en cinco tiempos cada inspiración y exhalación.

Imaginamos estar delante de una puerta cerrada, del otro lado hay una oficina llena de archivos.

Observamos la puerta en detalle, el material, color, tamaño y el picaporte. Contamos de tres a uno y cuando decimos uno la abrimos.

Al entrar nos encontramos en una habitación colmada de archiveros de metal, con grandes cajones repletos de carpetas.

Observamos el espacio y analizamos cómo nos sentimos allí, una vez que lo tenemos claro, nos acercamos a los archiveros, vamos revisando cajón por cajón y carpeta por carpeta, nos tomamos el tiempo para ver de qué se trata, que contenido tiene y si son útiles. Si no lo son, empezamos a tirar todo lo que no sirva hasta dejar los cajones lo más despejados posible. Esto tomará un buen rato.

Cuando terminamos, quemamos todos los papeles para despejar el espacio y dejamos solo lo indispensable.

—En el caso de ser un estudiante, ubicar la carpeta con el nombre de la materia que se está estudiando y colocar adentro los apuntes y libros que se quiera incorporar en la memoria. Una vez colocados, y con el resto del cajón despejado, cerrar todo.

Luego nos ocupamos de decorar el ambiente como nos agrade: pintar, vaciar, cambiar de lugar o simplemente modificarlo, abrir ventanas si no las hay, ventilar y despejar. Todo lo realizamos mágicamente, sin esfuerzo.

Al terminar nos quedamos descansando en un cómodo sofá. Comenzamos a respirar profundo, contando hasta el tres para volver al lugar y al momento en donde estábamos al comenzar la visualización.

Si prefieres hacerlo interactivo, coloca tu celular sobre este QR y te guio a realizar el ejercicio.

Ejercicio: Archivos de la mente

El cuerpo físico

Segunda pata de la mesa.

Es el que menos escuchamos, lamentablemente no sabemos hacerlo, ni nos ocupamos.

Nos parece que lo hace todo solo, le adjudicamos autonomía.

Es nuestro envase, sin este no hay posibilidad de acción, ni de realidad.

Es el que pisa, transita y se desplaza, el que porta la mente, la emoción y el espíritu.

Saber escucharlo toma tiempo y dedicación, de lo contrario, la exigencia que se le infringe es tan alta que sus defensas se debilitan y enfermamos.

El cuerpo mental se encarga de organizar su atención, nutrición y descanso. Y es el mismo que lo desoye y exige un andar sin descanso, a su propio capricho.

Cuando se altera la función de lo físico aparecen los síntomas, es la alarma que manifiesta el sufrimiento de la emoción. Cuando esta padece la razón la calla, la emoción vuelve a manifestarse desde el sufrimiento y la razón vuelve a ignorarla. Al repetirse por un periodo, el cuerpo físico se interpone, habla, protesta por el tiempo que soportó enmudecido.

Los síntomas nos dicen cuál es el padecimiento y su gravedad. Por ejemplo, si habla el estómago es algo que injerimos y no podemos digerir. Si habla la garganta y perdemos la voz reprimimos el decir, si nos duelen las piernas nos cuesta pararnos sobre nuestros pilares. Un infarto literalmente es una herida abierta en el corazón. La pérdida de audición es aislarse del entorno como defensa.

Es importante descifrar los síntomas como metáforas de nuestra situación emocional, de este modo podemos entenderla, percibirla a tiempo y ser consecuente, lo cual nos ayudará a mantener el cuerpo en equilibrio.

También debemos considerar que el cuerpo sufre por malformaciones y debilidades físicas de nacimiento o porque va envejeciendo, estos síntomas tienen asidero en lo físico y están desligados de lo emocional.

La alimentación es el combustible del cuerpo y es necesaria para que funcione del mejor modo. La aceleración del ritmo diario hace que algunas o muchas veces no dediquemos suficiente tiempo a una buena ingesta. El exceso de harinas y azúcares desestabiliza y energiza equivocadamente el funcionamiento del cuerpo, por eso es bueno ocuparnos de organizar en lo posible una dieta acorde a la actividad que realizamos.

El cuerpo es como un auto, requiere combustible, aceite y agua para funcionar correctamente, así como una revisión técnica, si no lo hacemos podemos calentar el motor y derretir piezas por exceso de fricción. Asimismo, debemos regular la velocidad, si su máximo es 240 kilómetros por hora, hace horas que lo conducimos a esta velocidad y se prende una luz que nos indica falta de agua, es decir, un síntoma; a pesar de ello, el conductor negligente, nuestra cabeza, exige continuar, no puede detenerse porque implicaría no llegar a tiempo, entonces desoye la alarma y sigue a ritmo desenfrenado; unos kilómetros más, el motor comienza a recalentarse y probablemente se descomponga. Esto parece insólito si pensamos en hacérselo a un auto, sin embargo, es lo que hacemos continuamente con nuestro cuerpo.

El cerebro lleva al físico al límite para cumplir con todas las actividades que tiene su lista de prioridades.

El cuerpo emocional

Es otra pata de la mesa, tal vez la más inmadura. Comprende todas las emociones.

Las nodales y principales que se encuentran en la base de todo. Son dos: **la soledad y el desamparo**. Ambas están recubiertas por el **miedo** y sobre estas tres el resto: frustración, vergüenza, angustia, tristeza, enojo, pena, alegría, ira, furia, injusticia, desvalorización, incertidumbre, desconcierto, y más.

Por lo general, se las niega velándolas con defensas y vicios que adopta la personalidad. Patrones de conducta que se instalan durante la vida para sobrevivir. Nos pasamos la primera parte de la vida sobreviviendo y sobreadaptándonos. Estamos obligados a esconder nuestro sentir para que nos quieran, acepten y elijan. A pesar de los esfuerzos que hacemos no lo logramos eficientemente y esto va dejando marcas que se intensifican cuando una vivencia toca el mismo punto de dolor, la misma herida. Cada vez que lo hace agrava el sentimiento, sumándolo al anterior, y así se multiplica una y otra vez el malestar emocional que sentimos.

Hasta llegar a la **crisis**. Ahí llegamos al límite de dolor soportable sobre una misma herida, la cabeza no puede sostener más el contenido y colapsa. Todo se rompe: la vieja forma de defensa, los recursos utilizados y el patrón para darnos la oportunidad de empezar de nuevo. Si no logramos descargar la emoción que conlleva la herida, seguimos acumulando malestar y mantenemos la crisis.

Descubrirlo provoca que las elecciones y estilo de vida que tenemos cambien, por eso muchas veces no queremos prestarle atención.

Si prevalece el pensamiento interesado o el temor a la soledad se ahoga y amordaza nuestra emoción para continuar con ese modo de vida. Estamos acostumbrados a disociarnos de la emoción para subsistir.

Las emociones fluyen por nuestro interior y cuando se ponen de manifiesto es para decirnos algo. Ejemplo, enojarnos mucho con alguien y gritarle para subestimarlo nos permite reacomodarnos para no sentirnos degradados. Ser egoísta —en ocasiones— no como mirada egocéntrica e indiferente hacia el otro, sino como autopreservación, sirve para defendernos, para que no nos invadan, para sostener los límites de nuestra individualidad.

Estos dos ejemplos plasman una emoción aún inmadura, sin la necesaria conexión con la mente. Si la persona tiene un trabajo interno estas emociones están exploradas, vivenciadas y una vez llevadas a la luz de la consciencia, sanadas. En ese caso, la persona no pierde el equilibrio y comunica su parecer, sin necesidad de gritos que demarcan claramente la impotencia de no hacerse entender o la exageración de utilizar actos egoístas para dibujar las fronteras con el otro.

Las emociones son sabias y claras, hablan de nuestras heridas. Cuanto más intensas y polarizadas menos sabemos de estas, y más lejos nos mantenemos de reconocerlas para que no vuelvan a doler.

Los sentimientos negativos permiten conocernos más, no tenemos que rechazarlos. Muy al contrario, debemos sumergirnos en esa intensidad y reconocer dicho sentir.

Todo lo que surge debe interpretarse preguntándonos ¿para qué sucede de esa manera? Luego actuar generando los cambios necesarios para poder ubicarnos en una posición diferente a la que teníamos. Si lo logramos, cada vez más se manifestarán de forma atenuada, entendiéndonos más y reaccionando menos. Si solos no lo conseguimos, debemos pedir ayuda a un profesional capacitado.

Nuestro cuerpo emocional inmaduro es como un niño pequeño que se muestra caprichoso y temperamental cuando algo le disgusta y se frustra porque no lo sabe expresar, entonces grita, agrede o llora.

Debemos acompañarlo a desarrollarse y a aprender a expresar su necesidad de otro modo, no reactiva. Para ello nos asiste la razón, para observar, traducir y reposicionarnos escalón por escalón. Estamos expresando nuestro sentir de modo indirecto, a través de la reacción o sobre reacción y no a través de la palabra.

Los occidentales fuimos educados para "hacer". La fórmula es "más producimos, más exitosos somos". Para ello hace falta poner los cuerpos mental y físico en primer plano y olvidar el emocional y el espiritual.

Llevándolo a nuestra analogía de la mesa, si dos patas son más largas provocan desequilibrio y la vuelven inútil.

Tenemos que dar un paso adelante y "ser productivos", sin descartar la necesidad que tiene el cuerpo emocional y unirlo a los valores éticos que nos aporta el espiritual.

La vida es un camino con diversos escenarios, no siempre se trata de avanzar por inercia, hay que ir conectándose con cada paso, tomar conciencia, avanzar, detenerse, recrearse, alimentarse, descansar, retroceder y retomar la marcha.

Comprender que se vive de modo integral desde los cuatro cuerpos es fundamental para entender quiénes somos y de qué se trata vivir. Asimismo, saber que están afectados por el fluir constante de nuestro entorno y que deben nivelarse continuamente para volver a la armonía.

La vida es movimiento, los pensamientos y las emociones también lo son, la rígida estabilidad solo nos llevaría a un estado catatónico de inmovilidad y entumecimiento. Ahí no hay vida, hay muerte.

No se puede crecer si las cosas no están en movimiento, rompiéndose, reacomodándose, fortaleciéndose.

No hay que temerle a las emociones, a revivirlas. No producen menos sufrimiento por ignorarlas, al contrario, se esconden y enferman. En cambio, si nos sumergimos en estas se destraban.

Solo nos liberamos cuando las enfrentamos, nos damos cuenta que no era tan terrible porque, en realidad, el dolor ya lo superamos. Recordarlo y revivirlo no es peor sino liberador. Al enfrentarlas desaparecen para siempre.

No dejaremos nunca de sentir enojo, tristeza, alegría, miedo, son parte constitutiva nuestra, pero nos permitirá alejarnos de la furia, la ira, la angustia, la depresión, la euforia y el pánico. Los polos nos enferman, son picos que nos llevan de arriba hacia abajo como en una montaña rusa de sensaciones y esto asusta, perdemos el eje, la cordura, el equilibrio.

Las emociones son como la Tierra que tiene tres franjas, las de los polos y la demarcada entre los trópicos de Cáncer y Capricornio. Esa gran franja del medio es el tan preciado **equilibrio**, muy ancha, no es la línea del Ecuador sino una gran franja que permite un cierto movimiento de emociones, niveles y diferentes intensidades. La línea del Ecuador, rígida e inmóvil, se asemeja a la del monitor de hospital, cuando se vuelve recta el paciente está muerto. Por ello, las emociones fluyen en una cierta amplitud, eso marca la sanidad de ese campo.

Cuando una emoción, por ejemplo el enojo, toca el borde superior, o sea se polariza, ahí estamos al límite, justo antes de que todo se desborde y pase al plano de la franja polar donde se transforma en ira.

El miedo es parte del equilibrio de un individuo, lo ayuda a estar alerta y ser prudente frente a diferentes situaciones, cuando toca la franja superior o inferior está al límite, si la pasa se polariza en pánico o fobia.

El cuerpo espiritual

Es el menos visible de los cuatro, está representado por nuestros valores, "don de gente", accionar amoroso, aunque es solo su parte visible. La verdadera esencia de este cuerpo es mucho más profunda, compleja y me animaría a decir que bastante difícil para el entendimiento racional.

Un cuerpo espiritual en armonía se siente parte de un todo, del universo mismo, generando acciones iguales a las que le gustaría recibir. Obrando con conciencia y altruismo.

Lo espiritual va más allá de toda religión, no tiene credo ni dioses, respeta el mundo sintiendo que existen fuentes de energía invisibles y manifiestas, que todo está interrelacionado y que tiene más poder lo invisible que lo manifiesto.

Nos induce a sentir que no estamos solos, que la energía de nuestra alma trasciende el cuerpo físico.

Se conecta a lo infinito a través del inconsciente y trae el bagaje ancestral intrínseco.

Hay cosas que tendremos la capacidad de entender, otras que no y muchísimas otras más no podremos ni siquiera plantearlas.

La acotada razón y el poco desarrollo de nuestra mente amplificada hace que no podamos lograrlo, aunque no tiene que desalentarnos, muchas veces conocer demasiado solo aumenta la ignorancia.

Lo importante es que a lo largo de la vida podamos vivir en consonancia con nuestra alma, que es pura y desinteresada, sabe de actos amorosos. La persona que acciona desde allí es mucho más espiritual, su conexión es directa y va regando silenciosamente a su paso actos altruistas y generosos.

Por otro lado, el cuerpo emocional lleva la información que tiene la mente del alma, nuestro inconsciente.

El alma transita muchas vidas, recoge, experimenta y asimila aprendizajes, también quedan cosas inconclusas que serán los desafíos en cada nueva vida, con cada nuevo cuerpo en el que reencarnemos.

Lo bueno es que podemos hacer uso de ese aprendizaje y recordar lo aprendido, recuperarlo y desactivar síntomas y dolencias emocionales de esta encarnación para despegar el karma y energías de experiencias pasadas. Si es necesario saber esta información, los acontecimientos de la vida nos llevarán hacia la llave, al profesional o guía, el camino nos cruza con la persona indicada para lograr dicho cometido.

Hay un río subterráneo del que el alma sabe, pero la razón no, que nos dirige idóneamente hacia el rumbo preciso para evolucionar en cada encarnación.

Nuestro camino está señalado con mojones para llegar de un modo u otro, la manera en que lo transitamos es lo único que depende de nosotros, si estamos conscientes será más fácil, si no multiplicaremos los obstáculos. Cuando nacemos traemos en la mochila las herramientas necesarias. Al principio parece que el contenido no tiene sentido y al pasar las décadas vamos entendiendo que vinimos equipados con lo suficiente para superar cada obstáculo.

Aunque algunas personas se muestren enteramente racionales no dejan de ser espirituales y emocionales, tendrán la misma mochila con recursos y herramientas que los demás y posibilidad de ser guiados, si bien sus caminos serán un poco más arduos por la imposibilidad de acopiar ayuda y recursos de otros.

He visto a muchas personas pasar por momentos críticos y límites, sin embargo, no abrieron su consciencia para capitalizarlos, sosteniendo la queja y el odio, responsabilizando a otros por su desgracia, en lugar de observar, sentir, y aprender. Se quedaron en una posición de culpar y enjuiciamiento sin poder salir del resentimiento. Se cierran, endurecen y encapsulan más y más hasta que la vida los conduce a otra dolorosa experiencia y así continúan.

He visto personas llegar al último minuto de la vida y recién ahí entienden de qué se trató su existencia. Es lamentable porque su camino podría haber sido más ligero, no podemos saltear etapas ni experiencias pero sí alivianarlas mucho.

Cómo se relacionan los cuatro cuerpos

Es bueno saber que el cuerpo emocional se entrena igual que el mental y el físico, ello nos brinda acceso directo al campo espiritual y de nuestra voluntad depende estar en forma y equilibrio. Sabiendo esto, es fácil entender que lo debemos hacer frecuentemente y por el resto de nuestra vida.

En general somos cómodos en lo que respecta a ejercitar nuestro físico, terminamos cayendo en estadios sedentarios, haciendo lo mínimo indispensable, como ser, trabajar, comer y dormir. Ejercitar la consciencia y observarnos requiere de voluntad, tiempo y cuidado personal.

No solo debemos hacerlo con el exterior del cuerpo, sino principalmente en el interior de la siguiente manera:

- Armonizar la mente, entrenándola para que no nos enloquezca, abrume o agote cargándonos con pensamientos tóxicos que no se detienen.

- Madurar las emociones, dejándolas habitar nuestro interior, descubrir en que parte del cuerpo las localizamos, sentir su intensidad y dejarlas ser hasta que drenen y el campo emocional se normalice.

- Equilibrar el cuerpo físico dándole descanso, buen alimento y descarga corporal, activar la circulación y hacer ejercicio físico para poder contrarrestar la quietud diaria, salvo las personas que se dedican a trabajar con su cuerpo, quienes deberán estar muy atentas a darle descanso y no más actividad.

Todo ello con el fin de liberar al cuerpo de síntomas y enfermedades no solo físicas sino emocionales.

¿Cómo se genera el síntoma ?

En el momento del trauma se anudan una cantidad de emociones extremas, este nudo queda rígido e instalado en un instante del pasado. Los acontecimientos se suceden, los años pasan y lo dejamos muy atrás, lo más olvidado posible, lo cual va generando un escudo sobre otro porque la psiquis se sobreadapta lo necesario como para intentar superarlo. Puede ser que durante algún tiempo lo logre, pero un día por algún suceso algo toca la misma herida y sentimiento, se abre una o varias grietas por donde resuma el dolor contenido. Esas grietas quedan abiertas y gotean algo de ese dolor, puede ser emoción o enfermedad. Si las desoímos se intensifican hasta arrastrarnos a un estado de crisis en donde todo se rompe para aliviar el sistema. Si comenzamos a mirarnos dando lugar al sentir, aliviamos el sistema rápidamente. Si hacemos un trabajo de Psicoemoción acortamos el período de crisis, separamos el nudo en cuestión y lo ordenamos en el pasado, desafectivisándolo para siempre.

Cuando un nuevo dolor ocupa el mismo lugar de la herida nos sirve para profundizar la limpieza de esa posición dolorosa, como ser: desvalorización, injusticia, enojo, impotencia, frustración. Si podemos ir más profundo y alcanzar los estadios de soledad y desamparo aprovecharemos la oportunidad de limpiar lo más posible y aliviarlo, hasta que otra oportunidad nos dirija al mismo punto para penetrar aun más.

Las crisis se repiten porque nos dan la oportunidad de alcanzar mayores profundidades en nuestro ser emocional, de a poco nos sumergimos más y más logrando acrecentar la capacidad de apnea en este buceo interior.

Cada emoción habita en un contenedor, cuando comenzamos un trabajo psicoemocional los niveles de muchas están llenos, otros rebalsando y otros más a medio llenar, nuestra intención es vaciar esos contenedores. Si hacemos el trabajo, como lo fui describiendo, los contenedores no volverán a desbordarse, salvo algún acontecimiento límite. Si hacemos el trabajo que nos propone la Psicoemoción vaciamos los contenedores que rebalsan, por ejemplo, durante una crisis donde se manifiesta un llanto que parece interminable, dolencias físicas crónicas o estados depresivos. Los recursos de despeje verbal o las terapias habladas no son suficientes para limpiar a fondo estos contenedores, de hecho el llanto en este tipo de modalidades terapéuticas es superficial, distinto al llanto consciente en plena sesión psicoemocional.

Las diferencias también se manifiestan en la sensación de liviandad experimentada por los pacientes después de las sesiones. La prueba que lo corrobora es llevarlos, en otra sesión, al mismo hecho traumático y que no sientan la sobrecargada de angustia.

Lo que me ha llamado la atención es que en la primera sesión suelen ir al mismo punto que fueron durante años en las terapias tradicionales, dejando de manifiesto que, a pesar de ser muy efectivas para el análisis de la situación, no dejan de habitar el hemisferio izquierdo, el lógico matemático, con lo cual no logran quitar la emoción que envolvía el trauma.

La psicología tradicional tiene un techo, no habla el lenguaje de la emoción, ni vibra como el síntoma. Para ello hace falta navegar en el hemisferio derecho, empatizar con la misma frecuencia, hablar su idioma, el de la vivencia en el cuerpo, el de las sensaciones, y solo así remitirlo, liberarlo de la cárcel en donde lo atrapó el trauma, desactivar el cuerpo que quedó imbuido de sufrimiento, dolor y angustia.

Una de las sesiones que más me conmueve es la que abordamos el duelo, por propia experiencia, acompañar a una persona a liberarse de uno de los dolores más profundos es un regalo maravilloso para cualquier terapeuta.

El descubrimiento lo hice sin querer, mientras cursaba clases para aprender a hipnotizar, allí viví una experiencia que cambiaría mi vida.

El último día del curso era un viernes, lo recuerdo perfectamente, el ejercicio consistía en sentir que mi brazo se elevaba, luego que el hipnólogo me hiciera imaginar que ataba un globo en mi muñeca derecha, y me iba guiando imagen tras imagen a dejar mi mente racional de lado y adentrarme en los mundos profundos de mi hemisferio derecho. Al rato, no podría precisar cuánto, me hace llegar a una isla. Dejo de escuchar su voz y encuentro un nativo que se acerca, estrecha mi mano y me invita a acompañarlo. Mientras avanzamos un enorme miedo se apodera de mí, me detengo, siento que estoy dentro de una tormenta, el cielo se pone gris profundo y me siento desamparada en ese lugar solitario. Me quedo allí parada, quieta, paralizada y me invade un sentimiento de angustia inmenso. La tormenta desaparece y con esta el sentimiento de miedo y angustia. Unos segundos después siento que estoy inmersa en una luz naranja, de color muy vivo e intenso. Una silueta se me acerca de frente, una sensación de amor inunda mi pecho, algo incontrolable, era la figura de mi padre a quien había perdido 25 años atrás. Fue tan conmovedor que el corazón se salía del pecho, era algo que nunca había experimentado, como una vibración diría, casi eléctrica, que entraba en la cara anterior de todo mi cuerpo a medida que él se acercaba. Quedé atónita, no esperaba ese encuentro, no era alguien que llevaba en mis pensamientos.

El duelo me había llevado durante mucho años a estados recurrentes de melancolía y tristeza, sin haberlos podido superar por completo, aun habiendo hecho terapia tradicional en un par de ocasiones.

Mi pérdida tuvo lugar a mis 13 años y medio y había sido muy desgastante y difícil a pesar de que mi ánimo, luego de la pérdida, siempre fue de sobre adaptación. Era una adolescente alegre, mi rendimiento escolar nunca había decrecido, me destacada en el colegio sin esfuerzo, pero lo que padecía por momentos era de exabruptos de enojo extremo, la sensación de injusticia que sentía por haberlo perdido. No tenía consuelo, pensaba como un hombre trabajador y bueno podía morir tan joven y otras personas destructivas y dañinas se mantenían con vida. Era inentendible y me provocaba mucha indignación.

Una vez frente a frente, quedé mirándolo, sentía su energía como si fuera un abrazo de vibración, algo tan conmovedor que me dejó subyugada hasta que su voz resonó en mi interior y escuché: "Todo va a salir bien".

Sin entender del todo qué estaba sucediendo, casi enceguecida por la luz y conmovida por la intensidad de la vibración de su presencia, escuché la voz del hipnólogo que me daba la orden de ir despertando lentamente.

Cuando me incorporé estaba medio alterada, sin entender demasiado lo sucedido, pero con una sensación de paz interior que no había experimentado jamás. El especialista me explicó que fue solo mi imaginación, que la mente recrea imágenes sin importancia.

Siempre fui curiosa, nunca dejé de investigar mis percepciones y darle lugar a mi intuición, lo que me estaba diciendo el hipnólogo no coincidía con lo que sentía en aquel momento.

Ese fin de semana una decisión muy grande tuvo lugar en mi vida, que sería extremadamente dolorosa y pondría fin al proyecto más importante de mi vida hasta ese momento. Sin embargo, había una fuerza que vibraba en mi interior que no había experimentado hasta ese día y una voz interna que resonaba: "Todo va a salir bien."

Hasta aquí podemos pensar que todo fue una ilusión o autosugestión, sin embargo, desde ese día no volví a quebrar la voz al nombrar a mi padre, ni a caer en estados de melancolía en la fecha de su fallecimiento, algo que ocurría recurrentemente, aunque no supiera en que día vivía, lo que me impresionaba cada vez que sucedía.

Años después de ese acontecimiento que llamo "sincronía" porque cambió mi vida, supe que había sanado mi pérdida irreparable y que se había terminado mi duelo. Entendí que lo sucedido tenía que ser real porque la imaginación no libera emociones, ni cura para siempre. Sería muy fácil sanar a los pacientes haciéndoles imaginar cosas, pero no es posible hacerlo de ese modo.

Fue revelador, entendí que si en mi carrera podía hacer que una sola persona se aliviara de su duelo y sensación de pérdida, mi vida tendría sentido. Solo quien haya vivido un percance semejante puede comprenderlo.

Gracias a la vida y a mi camino, son cientos las personas a quienes he podido acompañar al reencuentro con sus seres queridos, sanando su dolor para siempre, saliendo del estado de duelo y dejando de penar por su ausencia.

Todas las personas superamos experiencias para socorrer a otros a hacer lo mismo. De eso se trata el pasaje por este plano, por eso es complicado cuando quedan victimizadas en estados continuos de sufrimiento, sin saber cómo salir del círculo de dolor. Esa es la razón de este libro, ofrecerte las herramientas para que superes ese ciclo vicioso de donde nos cuesta tanto emigrar.

El cuerpo habla, aprender a escucharlo

En mi modalidad de trabajo, una característica fundamental de la Psicoemoción es escuchar lo que está manifestando el cuerpo del paciente. Todos los síntomas hablan de la energía estancada en el cuerpo durante un tiempo determinado. A mayor intensidad, mayor es la gravedad del deterioro de una zona determinada. Recordemos lo descripto en el capítulo anterior, lo más importante es el motivo de la consulta escuchándolo atentamente a modo de metáfora. Si es físico comenzamos por ahí y si es emocional lo conectamos con el cuerpo para identificar la magnitud manifiesta.

En este capítulo vamos a abordar problemas de salud, leves o graves, abarcando todas las manifestaciones físicas desde una contractura en el cuello o un simple dolor de garganta hasta el cáncer o alguna enfermedad autoinmune.

El cuerpo manifiesta su dolor por diferentes partes — algunas emociones suelen revelarse en lugares determinados, aunque no siempre— este es el primer disparador que tomamos para abordar nuestro trabajo.

La persona se coloca en un lugar donde se sienta cómoda, ya sea reclinado en un sillón o acostado, cierra los ojos y comienza a escuchar mi guía que lo llevará directo a la dolencia física. Esa es una puerta de acceso directo a la emoción que está trabada en esa zona del cuerpo y acceder por ese lugar le trae alivio instantáneo —ejercicio al final del capítulo.

He tenido pacientes que identificaban soledad en la cabeza, cuando las zonas más frecuente es el pecho y el estómago. He visto a otros sentir impotencia en los ojos, cuando la mayor parte lo siente en el esternón, pecho y garganta, a veces las piernas, pero rara vez en los ojos. Cada persona aloja las emociones en lugares particulares y si bien la mayoría ubica determinadas emociones en lugares en común, no debemos generalizar y olvidar que cada persona es única y merece un abordaje personal. Los terapeutas somos los encargados de acompañar a que las descubra para que pueda desactivarlas del cuerpo.

Cada uno de nosotros tiene uno o dos grandes síntomas, esas partes más débiles que se enferman de manera crónica cuando nos suceden cosas dolorosas, que se repiten una y otra vez, y que tenemos bien identificados. Estos síntomas hablan mucho de la personalidad, si las personas son más racionales suelen padecer migrañas, caída de cabello, dolencias en cualquier parte de la cabeza interna o externa, cuello y estructura ósea, casi siempre agravan la parte superior del cuerpo desde los bronquios hacia arriba. Si las personas son más emocionales es de los bronquios hacia abajo, incluida la piel.

Vamos a describir algunos síntomas para que puedas entender de qué manera se expresa el cuerpo, qué nos dice y para qué lo hace.

Las cervicales o migrañas son la alarma para las personas muy racionales que acumulan pensamientos y les dan vueltas una y otra vez en la cabeza de manera obsesiva, sobrecargando el sistema mental y colapsándolo.

La garganta para los tímidos que les cuesta expresar lo que sienten y a quienes se les dificulta elegir. La zona de la garganta y tiroides afecta a las personas que no oyen su voz interior o no manifiestan su sentir sobre el deseo de otros, dejándose avasallar. Esta incapacidad de elección trae muchos problemas en esta zona y el desborde emocional contenido, también.

La piel en sus diferentes formas, brotes, urticaria, psoriasis, acné, según en qué parte del cuerpo se exterioriza igualmente nos da información. Si es en la cara vulnera a la persona dejándola de manifiesto frente a la vista de los demás, miradas que percibe como crítica y enjuiciadora, exacerbando su timidez y desvalorización, vergüenza e indefensión, creándole un malestar crónico, ya que es el primer contacto que tenemos cuando conocemos a alguien. No está suficientemente fortalecido el "borde" divisorio con el otro. La piel demarca y delimita nuestro contorno diferenciándonos, si está lastimada, de la misma manera se encuentra nuestro Yo. En caso de brote, es cúmulo de impotencia y enojo que al estar contenido provoca "implosión" como efecto de no haber sido descargado paulatinamente. El cúmulo es tan grande que no se logra desactivar a tiempo, entonces la piel reacciona con granos o erupciones de todo tipo. La pregunta ¿qué te brota? es más que esclarecedora a la hora de responder sobre las emociones que ya no pueden ser contenidas en el sistema por más tiempo.

El estómago es otra víctima de las implosiones internas de enojo, impotencia, frustración, pero como es una zona tan importante le dedicaré el próximo capítulo.

Las dolencias en articulaciones, artritis, artrosis deformante, expresan falta de flexibilidad en la manera de encarar la vida, la personas que las padecen tienden a ser estructuradas y rígidas para no sentirse víctimas del descontrol o falta de contención en la realidad en la que viven. Según la zona del cuerpo en que se padece otorga más información.

Los músculos, en caso de la fibromialgia o esclerosis múltiple, exponen la carga simbólica, que lleva esa persona, de su entorno y cómo lo sostiene inconscientemente con su cuerpo. Esta actitud resulta una carga insoportable. El cuerpo termina debilitándose hasta que la persona deja de sostener su entorno porque pierde tonicidad y la obliga a quedar en reposo. Las exageradas obligaciones asumidas, a las cuales se sobre adaptó, empobrecieron el tiempo para sí, al no poner límite a las exigencias su propio cuerpo tuvo que sonar la alarma, debilitándose.

Cáncer de mamas, no creo demasiado en lo hereditario, tuve cientos de consultas sobre esta manifestación, y el patrón que encontré en todas fue el "exceso de nutrición", estar en todos lados, no dedicar tiempo para sí por estar ocupada en las necesidades de los demás a su alrededor. La imposibilidad de poner límite aunque sintiera cansancio y agobio en pos de los otros y la pena enorme cargada en el pecho, culpas por abortos, infidelidades o desamor generaron esos dolores con que sobrecargaron su parte nutricional y femenina por excelencia.

Trastornos de alimentación, en la mayor parte de los casos es un llamado de atención a la madre nutricia, habrá que estar atento a realizar una terapia vincular entre ambas para ayudar a la persona a superarlo.

Hay muchos libros excelentes que hablan en profundidad de los síntomas, no es mi intención enumerarlos, sino hacer referencia a los más destacados para que entiendas a leerlos en tu cuerpo, a escucharlos a partir de las zonas afectadas y a saber cómo dificultan el accionar natural del cuerpo, para poder descifrarlos y poner en juego la lógica del entendimiento.

Leer el propio cuerpo de esta manera es de gran ayuda. Decodificar lo más rápido posible, poniendo en funcionamiento la parte útil del síntoma que es: 1) que tomemos conciencia de que hay una emoción oculta que estamos tapando y debemos identificarla, 2) observar el movimiento que genera dicho síntoma. **¿Para qué lo estamos necesitando? ¿Qué nos impide realizar? ¿Qué nos obliga a hacer?**

A partir de su entendimiento y revelación iniciamos el descifrado de los patrones de conducta que pusimos en juego de manera reiterada en la vida, donde a una misma herida respondimos siempre de la misma manera.

La dolencia o aparición del síntoma no es más que la alarma que sonó durante mucho tiempo sin ser oída, por eso en lugar de comenzar a "luchar contra esta" debemos escucharla con atención y entenderla para poder remitirla.

No estoy de acuerdo con las campañas de "lucha contra las enfermedades" de ningún tipo, es cómo luchar en contra de nuestros sistemas de alarma que pusimos allí para que nos avisen si algo no anda bien.

Cuando tenemos un auto, se encienden las luces del tablero para avisarnos que falta agua, aceite, combustible o no funcionan los frenos, si hiciéramos caso omiso podríamos fundir el motor o quedarnos varados. En ese caso, no luchamos contra el auto sino que tomamos el recaudo de ponerle el fluido que haga falta según el icono encendido.

Los llamados de atención físicos son iguales, pero el problema es que hacemos caso omiso. Si estamos cansados por la mañana, nos levantamos igual y realizamos las tareas que debemos cumplir. Si nos duelen las piernas no detenemos nuestra marcha para descansarlas y evitarles la carga de todo el cuerpo, obligándolas a llevarnos a donde la cabeza dicta, y así hacemos con todas las partes del cuerpo. Otra manera de sobre exigirlo es tomar alguna medicación que adormezca el síntoma y una vez desaparecido, de manera engañosa, seguir con la rutina que nuestra cabeza y razón tenían designada.

El flagelo más grande que sufre el cuerpo físico es provocado por la gran enemiga: "la cabeza". El cerebro está adiestrado para sobre adaptarse, sobrecargarse y autoexigirse al extremo con el objetivo de cumplir con la "producción", palabra muy usada en occidente que nos está aniquilando muy de a poco. Más producción, más valor, más éxito. La cabeza productiva y competitiva lo sabe y hace de las suyas para llevarse puesto al cuerpo, desoírlo y negarlo. No importa lo que le suceda al físico, la cabeza tiene sus planes y hay que seguirlos a toda costa.

No hay respeto por el ocio, no hay espacios de calma, vacío o silencio intelectual, el exceso de los estímulos cerebrales conducen a la sobrecarga de ideas, preguntas compulsivas, ideas obsesivas, búsqueda constante de soluciones, actividad continua del sistema nervioso. Esta vorágine de estímulos contamina el cuerpo agotando sus partes, desconectándolas unas de otras, averiando y haciendo el intento de compensar las fallas recargando otras del sistema, y llegando al mismo resultado que en un auto: al no detenerlo para que el motor descanse, se enfríe y colocarle los fluidos requeridos para seguir la marcha, lo que sucede es que derretimos ciertas partes internas que jamás funcionarán como lo hacían, aunque las reparemos.

El cuerpo exige descanso: en primer lugar de las órdenes de nuestra tirana cabeza y luego de las actividades laborales diarias. El espacio de recreo, creatividad y actividad física hacen el balance indispensable de su contra cara: la exigencia.

Ejercicio de meditación para acceder a la emoción a través del dolor o molestia física. Puedes hacerlo siguiendo los pasos que siguen o colocando tu celular en la siguiente imagen QR.

Ejercicio: Liberar emociones del cuerpo

La persona se pone cómoda en un sillón, sentada o acostada, es importante que cada uno elija cuál es la posición donde pueda relajarse más.

Hacer cinco respiraciones, cada una más profunda a la anterior. Realizarlo en plena conciencia de que cada inspiración llena el interior del cuerpo, inflándolo y recorriéndolo. Al exhalar, sentir que el aire se lleva la carga del día, permitiéndonos alejarnos del ajetreo.

Efectuar una inspiración que se dirija al interior de la cabeza, imaginando que el aire acaricia las fosas nasales, el interior de la frente, el cráneo rozando la cara interna de la cabeza hasta dirigirse hacia la nuca. Al exhalar desandar el camino que cursó el aire. Volvemos a inspirar y si observamos que hay alguna molestia, la registramos.

Repetimos el mismo proceso con la garganta, esternón y torso y de allí desandamos.

Inspiramos llevando el aire al estómago y desandamos el camino del aire, siempre registrando si hay malestares físicos.

Por último, las piernas, y cuando exhalamos profundo por última vez con el cuerpo totalmente recorrido tomamos conciencia de cuál es la molestia que sigue de manera más aguda, intensa.

Al identificarla, concentrémonos en dicha sensación y contemos de tres a uno para que la mente nos dirija a la escena o persona que originó la sensación física, ese dolor.

Acto seguido sentir cuál es la emoción que nos impacta el cuerpo.

Es necesario darnos el tiempo para identificar la o las emociones que sentimos y dejarlas recorrer nuestro cuerpo hasta que se disipen, tanto las emociones como las dolencias físicas.

En el caso que no tengamos el tiempo suficiente para lograr que desaparezcan, retomar el ejercicio hasta agotar la sensación y neutralizarla.

Cuerpo primitivo, emociones ocultas

El aparato digestivo es la parte más primitiva del cuerpo, la que se forma primero en el feto. Eso hace que las primeras emociones, las más inconscientes y primitivas se guarden allí. Algunos hablan del segundo cerebro, sin embargo, por su complejidad y la cantidad de emociones que lleva en su interior a veces creo que es el primero.

Coincide con las vísceras, las entrañas, que son lo que señalamos cuando sentimos que algo nos llega muy hondo o que tenemos un pálpito de que algo sale de allí.

Es común escuchar a pacientes que padecen de dolencias gastrointestinales vagar por diferentes médicos sin resultado alguno. La razón es que el síntoma es causado por muchas emociones que se anidan allí, siendo difícil encontrar un equilibrio.

Las emociones contenidas en el aparato digestivo son: miedo, enojo, injusticia, control, y soledad. Todas son estructurales y gigantes a nivel vibracional. Cómo no padecer entonces de dolencias físicas continuas en esta zona.

Miedo

El miedo que se identifica en esta zona es el arcaico, el más primitivo y profundo de todos. El miedo más instintivo, el que padecemos en la niñez, por ejemplo, cuando vemos una sombra en la ventana y creemos que es un monstruo, a pesar de que nuestros padres nos digan que no, al igual que la noche, la oscuridad o las tormentas. Por el tamaño que tenemos de pequeños la dimensión del afuera es inabarcable como la dimensión del terror que nos provoca.

El miedo que sentimos en nuestra víscera es el arquetípico, el más intenso que se pueda sentir. Miedo a perder la vida frente al poder de algo inmenso. Miedo frente al poder y la fuerza de otro sobre nosotros, allí se activa la sensación de desvalimiento, a quedar desamparado, miedo al abandono, a la ausencia del cuidado que necesitamos por nacer inmaduros y no poder sobrevivir sin cobijo.

Estos miedos arcaicos son profundos y tocan la fibra más íntima que tenemos dentro, nos llevan a lo más esencial de nuestra existencia y debemos tomar conciencia para recorrer las emociones las veces que sean necesarias cuando algo en la vida las pone en juego.

Enojo

El enojo se aloja en el estómago, lo puede hacer a modo de acidez, fuego o implosión, lo cual genera un efecto de hinchazón. El enojo muchas veces implosiona porque lo reprimimos para no generar un exabrupto tal, que al ponerlo de manifiesto nos generemos la amenaza de no ser amados. Cuando implosiona nos hincha. Cuando lo tragamos pero no lo digerimos provoca acidez. Cuando se transforma en ira afecta nuestro hígado, que al ser el laboratorio del cuerpo no da a vasto para depurar tanta intoxicación emocional. Otro síntoma es cuando no expulsamos el desperdicio y nos quedamos con todo el desecho en el intestino, allí también lo afectamos. Así el enojo es otro factor que se suma al malestar del aparato digestivo.

Injusticia

Si recordamos alguna situación de injusticia en la que hayamos participado, comencemos a observar en qué parte del cuerpo la localizamos, nos sorprenderemos de que es también en el estómago.

Control

Las personas necesitamos tener control de lo que sucede a nuestro alrededor. La incertidumbre es algo para lo que no estamos preparados, ni una experiencia que queremos atravesar. Lamentablemente en muchas ocasiones pasamos largo tiempo en este estado, frente a la oportunidad de algún trabajo, mudanza, o en una relación amorosa donde la decisión de seguir juntos pasa por el otro.

Los seres humanos estamos acostumbrados a ejercer control sobre los demás, y es algo que deseamos para sentirnos seguros.

La falta de control nos desestabiliza, se aloja en la parte superior del estómago, entenderlo nos permite resonar con ello y acompañar la emoción a recorrer nuestro cuerpo para ayudar a desactivarla. Así evitaremos posibles enfermedades como Barret, acidez crónica, úlceras, cáncer de colon, hepatitis, y otras tantas que surgen por emociones guardadas en esta zona sin elaboración y toma de conciencia.

Soledad

Es sin duda la estrella de todas las dolencias del ser humano, recordemos que mencioné los dos grandes nudos y basamentos del cuerpo emocional, la **soledad** y el **desamparo**.

En este caso, la soledad se manifiesta como un vacío en el estómago que parece interminable. Paso sesiones enteras haciendo que las personas lo revivan lo más intensamente posible. Este sentimiento es estructural y viene con nuestra psiquis, con lo cual no importa la historia de vida que hayamos experimentado, todos la padecemos.

Muchas personas somatizan e intentan resolverlo mediante la comida, intentando "llenar ese vacío", sin embargo, este es tan infinito que parece no tener fin, con lo cual la relación con la comida se hace cada vez más grande, generando "atracones" con la esperanza que termine en algún momento. Nada lo detendrá, ni la compañía del ser amado porque es una soledad de vida, existencial, propia, que se instala en algún momento de la niñez cuando necesitamos a ese otro por alimento, cuidado o cobijo y no estuvo, entonces se activa esta sensación de vacío imposible de llenar. No importa si tuvimos los padres más amorosos y presentes del mundo, la soledad existencial, física, viene con la psiquis y se resignificará frente a cualquier sentimiento de pérdida, miedo o angustia. Algún evento disparará a la larga la sensación de soledad, está en el fondo de nosotros y debajo del resto de las otras emociones.

Habitar ese vacío es **la garantía de una vida mejor**, se los aseguro, me pasé años trabajándolo y siento que es la **única manera** de volver y fortalecer el propio **eje**, sin esperar que alguien venga a llenarlo en determinada ocasión. La soledad, de esta manera pasa a ser **solead espiritual**, y esa soledad se vive con plenitud, en paz y armonía, donde se disfruta a sí mismo y hace de lo propio un tiempo de calidad.

Energía femenina, energía masculina

Estas energías no se relacionan con el género, son intrínsecas a cada ser. Identificarlas es básico y prioritario para entender el equilibrio que deben tener los pensamientos, acciones comprendidas en un sentido de vida más profundo.

Son complementarias, cada individuo tiende a tener más de una que de otra y durante el proceso madurativo-evolutivo las equilibra.

La idea de estas energías surge en la filosofía oriental con el concepto de *Yin Yang*. La adopté para sumarla a la Psicoemoción porque nos regala un concepto de individuo muy rico, distinguiendo en la descripción de cada una diferencias observables, regalándonos una mirada clara de sus características para que al evaluarlas y compararnos captemos de modo fácil y practico donde está desnivelada y, por los tanto, desequilibrada.

La energía femenina se define en conexión con el hemisferio derecho, es intuitiva, receptiva, pasiva, emocional, contenedora y necesaria en el proceso de internalizar experiencias desde lo emocional y empático. Resuena con la vibración de lo oculto, profundo, llevándonos a métodos de introspección.

Por el contrario, la energía masculina es de acción y reacción, activa, racional y expansiva. Se destaca por el impulso y el movimiento de dar y hacer. Resuena con la luz de lo expresado y manifiesto, externo, y se relaciona con los procesos de percepción, análisis y recopilación de datos de la realidad. Su conexión directa es con el hemisferio izquierdo.

Al definir ambas energías podemos concluir, en comparación a nuestro accionar y sentir, cuál energía tenemos más desarrollada, sabiendo que tendrá conexión directa con la capacidad de relacionarnos con el mundo exterior e interior. Por ello, es importante nivelar ambas y trabajar para madurar aquel aspecto que muestre un menor desarrollo y madurez. Cuando lo logramos nuestra vida fluye de modo constante porque entendemos los procesos desde una sabiduría simple y equilibrada, generando un reflejo de nuestro equilibrio en el entorno. Al tener nuestra energía nivelada es más factible que nuestro universo resuene de la misma manera, seremos atraídos por energías similares a la nuestra y viceversa creando el mundo alrededor nuestro que tanto deseamos.

Consciente e Inconsciente

Lo primero que detallaré es la diferencia entre conciencia y consciencia a fin de que entiendas porque utilizo en casi todo el libro la segunda opción.

La conciencia nos permite comportarnos dentro de cierta escala de valores de una manera moral y socialmente correcta. Es la capacidad que tenemos de obrar adecuadamente, distinguiendo cuáles actos, pensamientos y palabras son los correctos y cuáles no.

Es más que nada un concepto ético no relacionado con nuestra percepción de las cosas, sino más bien con la moral que elegimos.

La conciencia se refiere a la persona que vive de acuerdo con sus valores y actúa acatando las normas básicas de respeto y equilibrio.

La **consciencia**, en cambio, permite formar tu propia realidad, percibir cada estímulo desde tu percepción de las cosas directamente conectada a tu proceso interno. Estar consciente es mucho más que estar conectado a un contexto y al entorno social, determinando qué cosas son correctas y que no, siendo parte de la realidad sensible, ética o moral, que te rodea.

La consciencia es totalmente subjetiva, no pertenece a ninguna escala de valores en la cual compararse o medirse, sino que es un proceso personal de los propios pensamientos combinados con la experiencia interna de ese preciso momento en que se toma consciencia de lo que se está evaluando, ya que vive en constante movimiento y evolución. Se relaciona con el pensamiento, haciendo que este madure y experimente cambios continuos, procesando información y atendiendo a diferentes y constantes estímulos.

La consciencia puede ser dirigida por nuestra voluntad porque elegimos a qué le ponemos atención. ¿Qué nos llama a observar? Si se trata de un evento externo o un estímulo interno y cuánto tiempo le dedicamos a procesar dicha información. La consciencia es un mecanismo muy complejo de explicar en detalle, mucho más que la conciencia que está conectada a un sentido de responsabilidad.

La consciencia se encuentra en todo lo que se experimenta, desde un sabor, una textura, un dolor físico, una emoción una percepción de algo sutil e incorpóreo.

Hay una consciencia más relacionada con las percepciones, sensaciones, pensamientos que nos conectan o separan de nuestro entorno para tomar consciencia de nuestra individualidad. Y otra aun más profunda que nos lleva a observarnos de manera reflexiva, existencial y filosófica, concluyendo sobre qué y quiénes somos, qué sabemos y qué ocurre muy dentro nuestro.

El consciente es el término que utilizo en la presente obra porque la Psicoemoción está ligada a los procesos de evaluación, crecimiento, y evolución. Procesos totalmente conscientes que requieren del individuo observarse en su entorno y sistema, y también dentro de sí mismo.

El conciente está enmarcado en las funciones del hemisferio izquierdo, el lógico matemático, el analítico, racional, deductivo, descriptivo, conceptual perceptivo, el que se ocupa del desarrollo del lenguaje verbal, del razonamiento y está directamente conectado para darle explicación a los estímulos provenientes de los cinco sentidos —tacto, olfato, vista, oído y gusto— así como procesar la experiencia y sacar conclusiones.

El **inconsciente** es como la punta de un témpano, percibimos solo el 10% de lo que en verdad se encuentra oculto en las profundidades.

Se encuentra en el hemisferio derecho y sus funciones se relacionan con la visión global, lo simbólico, intuitivo, creativo, no verbal, imaginativo. Su profundidad lo hace el contenedor de las emociones y de los registros de las vivencias pasadas del alma, y su capacidad es infinita porque carece de tiempo-espacio, lo cual lo amplifica sin límites.

La Psicoemoción se basa en la información contenida en este y su meta máxima es desactivar el cúmulo emocional implícito en las heridas traumáticas y recuerdos que allí se archivan desde la infancia y de otras vidas que, a su vez, condicionan el libre albedrío limitando la capacidad del individuo para elegir libremente y accionando su propia elección consciente.

El equilibrio entre consciente e inconsciente es prioritario para hablar de un individuo equilibrado y en proceso existencial sano. No hay posibilidad de ello para una persona que se ha analizado sin desenterrar, desactivar y liberar los cúmulos de energía atascada, bloqueada y obstruida que contienen las emociones inexploradas. Esta es la razón por la que ambos deben estar en conexión.

03

EL INDIVIDUO EN RELACIÓN CON SU BIO Y PSI-COLOGÍA

Inteligencia emocional

Existen siete tipos de inteligencia.

Esto nos aleja de la idea compartida por tanto tiempo sobre la existencia de una única inteligencia, aquella que todos conocimos a través de los famosos "test de inteligencia" que medían el coeficiente intelectual. En ese entonces, era la única que se consideraba válida, descalificando a cualquier individuo que no cumpliera los niveles mínimos de "normalidad".

Investigaciones identifican la existencia de zonas del cerebro humano que corresponden a determinados espacios de conocimiento, distintos y relativamente independientes entre sí. Por lo cual la idea de una sola inteligencia queda totalmente obsoleta frente a semejante descubrimiento.

Voy a enumerar los tipos de inteligencia y sus características antes de abordar la que nos interesa principalmente en este capítulo, "la inteligencia emocional".

◊ Inteligencia lógico-matemática. Se destaca por la resolución de problemas a partir de su capacidad no verbal de razonamiento. Puede deducir la respuesta a un determinado problema matemático, prueba de ingenio, resolución de rompecabezas, realizar ejercicios de lógica, contar, hacer cálculos. Saber la respuesta aún antes de verbalizarla. Los científicos, físicos, matemáticos, ajedrecistas tienen un gran desarrollo de esta inteligencia.

◊ Inteligencia lingüística. Las personas que se destacan en este tipo de inteligencia tienen debilidad por la lectura y la conversación, son habilidosos para escribir, leer, narrar, aprender idiomas. Dominan la capacidad de comunicación verbal y no verbal. Los escritores, periodistas y oradores son claros ejemplos.

◊ Inteligencia espacial. La poseen las personas que tienen la capacidad de pensar en tres dimensiones: la imaginación dinámica, el razonamiento espacial —como el dibujo y la pintura, la resolución de laberintos, los juegos de construcción— y los aspectos gráficos. Dominan esta capacidad los arquitectos, artistas, pintores, escultores.

◊ Inteligencia naturalista. Se utiliza a la hora de realizar estudios de investigación en el ámbito relacionado con la naturaleza, el mundo vegetal, animal, y medio ambiente. Los biólogos, paleontólogos, geofísicos, geodestas, ingenieros y expertos en ciencias ambientales tienen muy desarrollada este tipo de inteligencia.

◊ Inteligencia creativa o kinestésica-corporal. Destacan las personas capaces de expresar con todo el cuerpo sus ideas y sentimientos. Las que tienen el don de utilizar sus manos en la trasformación de elementos y aquellas que trabajan la creatividad de manera constante como: deportistas, carpinteros, actores, bailarines, cineastas, escritores.

◊ Inteligencia musical. La tienen las personas con el don para la música, ya sea el refinamiento del oído musical, la interpretación o la creación de una obra. Aquellas que tienen capacidades innatas para interpretar, cantar, componer y la destreza para tocar instrumentos. Encontramos en este grupo a directores de orquesta, músicos, cantantes y compositores.

◊ Inteligencia emocional. Hace referencia a las aptitudes y habilidades de una persona a la hora de regular los sentimientos, así como los del público al que se dirige. Es la capacidad de manejar las emociones y la subjetividad. Hay dos tipos: la inteligencia intrapersonal y la interpersonal. La primera describe la relación del individuo consigo mismo, la capacidad de establecer metas, centrarse en estas, comprender los sentimientos que surgen, y conocer sus propias fortalezas y debilidades. La segunda define la relación con otros, demostrando habilidades para el trabajo en equipo, empatía, mediar en conflictos y conocer gente e interrelacionarse.

La inteligencia emocional refiere a las habilidades psicoemocionales que manifiestan las capacidades concernientes al sentimiento, entendimiento, control y variación de las emociones propias y ajenas.

Una persona con esta inteligencia desarrollada es capaz de darle curso a las propias emociones e interpretar las ajenas para crear vínculos satisfactorios y una buena interacción con los demás. El proceso es observar cómo se expresan, aprender a regularlas, reflexionar sobre cómo hacerlo, transformar la manera de acción-reacción frente a los mismos estímulos y, por último, la toma de consciencia de los procesos que lo llevaron hasta ahí.

Las personas emocionalmente inteligentes tienen un camino de autoconocimiento, reconocen los vaivenes de sus estados de ánimo, qué los pone en juego, y las consecuencias que producen. Al entender esos movimientos son capaces de regularlos para no polarizarse desarrollando, por ejemplo, la capacidad de medir su enojo para evitar la ira, o controlando la tristeza para no ser presa de estados agravados de melancolía o depresión.

La autorregulación facilita medir los impulsos o contenerlos en el momento en que se disparan. Para ello es necesaria la "prueba y error" en situaciones semejantes donde se puede desarrollar el proceso de desactivación de los contenedores en donde se acumuló la emoción. Esto provee la flexibilidad suficiente para no caer una y otra vez en las trampas que genera la misma escena y capitalizar con madurez y claridad los factores puestos en juego, el punto donde lo afectan y la salida de dicha situación. Además, otorga la capacidad de adaptabilidad frente al cambio.

Otra característica de las personas con alta inteligencia emocional es la empatía, o sea, la capacidad de escuchar a otra poniéndose en su lugar, pararse allí desde la mirada del mundo ajeno, entender más profundamente que se está comunicando a fin de entender hasta dónde la afecta.

Una persona con empatía es un valor importante en grupos sociales o de trabajo, contagian buena predisposición para entender y compartir puntos de vista, transmitiendo confianza y fe al grupo, motivando positivamente a los integrantes.

La seguridad en sí mismo se refleja en la falta de necesidad que le reconozcan, su autoestima y proyectos propios son en sí el único motor inspirador para vivir y motivarse. Son personas entusiastas y positivas en el desarrollo de actividades personales y grupales y grandes hacedores.

En el capítulo sobre el cuerpo emocional he dado mucha información vinculada con las capacidades que tenemos, cómo podemos ponerlas en práctica para mejorarlas y cómo desactivar aquellas emociones que están sobrecargadas y nos hacen correr el riesgo de polarizarnos.

Al estar las emociones en movimiento continuo nos ponen a prueba diariamente haciendo que perdamos el equilibrio y el control, poniendo en juego la seguridad y la zona de confort, generando continuas pruebas que debemos superar.

Esas pruebas son el ejercicio de práctica constante que tenemos que hacer para adquirir mayor inteligencia emocional. Sin ejercitación no hay meta alcanzada.

El campo emocional se ejercita nos guste o no y cuánto antes lo entendamos y más protagonistas seamos mejor será nuestra existencia, porque dejaremos de ser presa de los movimientos del mar en donde las olas rompen sobre nosotros para fluir junto a ellas y barrenarlas. Es importante ser lo suficientemente tolerantes con nosotros mismos para saber que por momentos, y serán muchos, vamos a perder la paciencia y nos volveremos cautivos de nuestros pensamientos, críticas y juicios.

¿Hay alguna manera específica de entrenarla para ser más maduro emocionalmente? La respuesta es sí. Como la hay para todo lo que se refiera al desarrollo de capacidades. Venimos a esta vida para practicar y lograr lo que sintamos en gana, todo depende de nosotros.

Imaginemos que sucede algo inesperado que detona una emoción, algo que nos contraría y enoja tanto que empezamos a enfurecernos —recordemos que mucho enojo nos conduce a la furia y luego a la ira. En ese momento se activa el pensamiento, la lógica que, según nuestros patrones y creencias, nos proporcionará alivio o lo opuesto, agravando más la situación. Si es así, si se agrava la situación se sumarán más emociones negativas, la angustia, el miedo o la injusticia, y eso nos desequilibrará todavía más, debilitando nuestros recursos para salir del evento y superarlo.

En ese momento entran en escena las acciones para seguir complicándolo todo. Si estamos cargados negativamente estas nos harán actuar irracional y agresivamente porque intentarán descargar en algo o alguien la ira contenida. Si en cambio, los pensamientos de patrones y creencias son positivos, las acciones nos ayudarán a buscar la solución sin pasar a acciones de descarga. Lo más probable es que nos guíen a calmar la situación, si no es en ese instante será en el corto tiempo. Muchas veces salir de escena y dejar que las situaciones bajen de intensidad arregla las cosas naturalmente y las respuestas vienen solas. Todo encuentra mejor curso cuando lo vemos desde un lugar objetivo y a la distancia.

Dependiendo de la facilidad con que hayas entrenado este circuito y tu capacidad para regular el flujo de intensidad en tus emociones, pensamientos y acciones, serán las respuestas con las cuales responderás a las dificultades y el resultado que obtendrás.

De allí se desprende tu calidad de vida y los acontecimientos que te acompañen. Hay personas que viven con violencia verbal y emocional dirigiéndose continuamente a situaciones límites. Eso es porque sus respuestas son siempre las mismas frente a esas circunstancias por lo cual los resultados nunca cambian. Si eres violento tu mundo se vuelve violento, si eres armonioso y pacífico no importa qué estímulo o provocación se presente, tu respuesta siempre contará con pensamientos, emociones y acciones que tiendan a encontrar una salida mesurada, ya que son los patrones y creencias con los cuales vives. Esto no quiere decir que no puedas enojarte o tener miedo y que por momentos no tengas un pensamiento negativo, lo que sucederá es que se esfumará en segundos o minutos y encontrarás una salida o solución de manera natural, basada en un estado de vibración más armonioso.

Haz la prueba de pensar en la última vez que te enojaste o viviste una situación injusta, sigue la línea de análisis y observa a qué conclusión llegas. Luego compara con otras situaciones similares para comprender si es un patrón repetido.

Las creencias o patrones pueden ser positivas o negativas. Están imbuidos de historia. Si son negativas están colmadas de dolor y nos obstruyen el camino, complicando y avivando continuamente las heridas que generan opresión y falta de libertad de elección. Si son positivas nos permiten vivir la prueba y error de cada situación, aportando flexibilidad y riqueza al camino de vida, encontrando nuevas formas y posibles caminos para llegar a nuestros objetivos.

La inteligencia emocional da habilidades para enfrentar situaciones difíciles y hasta extremas de mejor manera. Sabiendo que tenemos todas las habilidades necesarias para hacerlo bien, regulando la intensidad emocional, evitando desbordes, teniendo mayor iniciativa y adaptándonos rápidamente a las circunstancias cambiantes. Todo de manera saludable para no dañar el cuerpo y evitarle la tensión y carga.

Nos permite desarrollar la sabiduría y estado de consciencia individual conociendo cada vez más nuestras fortalezas y debilidades, generando mayor autoconfianza. Esto nos ayuda a ser más empáticos y amables con el entorno social y ambiental recibiendo mejores respuestas externas.

Cerebro
Mente

El cerebro y la mente son extremamente complejos de explicar.

Me gusta imaginar que para describir sus capacidades puedo separarlos y de allí pensar en: cerebro y mente.

Al cerebro lo identifico con el hemisferio izquierdo de la cabeza, la zona que comanda la razón, lo analítico y lógico-matemático. Donde se archivan los conocimientos, estudios e información, en el que hacemos nuestras deducciones, el lugar de las preguntas y las hipótesis, la síntesis. Donde la lógica puede producir fórmulas que se constatan en lo fáctico y las ciencias duras, las llamadas "exactas". La palabra exacta no puede describirlo de mejor manera.

A la mente, en cambio, la ubico en el hemisferio derecho, sitio por demás complejo porque abarca el inconsciente, por lo tanto, es metafórico, simbólico, complejo e infinito. Para mí es donde encontramos la sabiduría, no el conocimiento. Carece de límites, las ciencias que lo estudian son "inexactas", intangibles, invisibles, intuitivas, imposibles de observar con algún aparato de medición.

El cerebro permite explorar y archivar experiencias del mundo real a través de los sentidos, tacto, vista, olfato, gusto, oído. La mente, en cambio, almacena experiencias de modo subjetivo, no físico, mediante la intuición, la visualización, la imaginación o la percepción espiritual.

Las personas más evolucionadas utilizan ambos, cerebro y mente de manera particular, conectando los hemisferios, asociando el pensamiento lógico —las experiencias del mundo tangible, físico, real— al mundo inconsciente, lo imaginario, simbólico y emocional.

La Psicoemoción es la mejor herramienta para utilizar las bondades de la mente, haciéndola evolucionar, acompañando al individuo hacia un estado de bienestar sostenible, promoviendo su desarrollo emocional e interpersonal y brindando la posibilidad de potenciar sus capacidades adaptativas y de regeneración, entre otras.

El cerebro-mente posee frecuencias vibratorias que

funcionan con energía eléctrica desde la más rápida hasta la más lenta.

Estas ondas cerebrales se llaman *beta, alpha, theta, delta y gamma*. La diferencia entre cada una depende de la velocidad.

En la frecuencia *beta* se encuentra tu cerebro cuando estás despierto, en estado de vigilia, atento. El cerebro estudia y tiene la posibilidad de controlar lo que ocurre a tu alrededor.

Cuando vibras con más lentitud, relajado, somnoliento, estás en estado *alpha*. Por ejemplo, cuando alguien maneja y vas distraído; corriendo te dejas llevar sin distraerte con el paisaje ni con ningún pensamiento en particular, llegando al final del camino sin darte cuenta; creando una expresión artística fluyes y tus manos se manifiesten, o cuando meditas, los pensamientos se deslizan, se suceden las imágenes o las sensaciones sin tu control.

El estado *alpha* es muy benéfico para bajar los niveles de tensión, cargas emotivas o disfunciones en el sistema nervioso. Es la puerta de entrada a la mente o hemisferio derecho. Nos ayuda a bajar la frecuencia en la que el cerebro está en alerta, por consiguiente, desactiva la conexión con la realidad física y abre un campo sutil en donde de a poco y con la práctica se despiertan otras capacidades mentales como la intuición, la imaginación visual, las capacidades de telepatía y clarividencia.

Si el cerebro se encuentra aun más lento, baja a la frecuencia *theta*, presente cuando somos niños. Allí utilizamos una porción más pequeña del cerebro, se habita un mundo imaginario. Al crecer incorporamos, por el desarrollo de las capacidades cerebrales deductivas y racionales, las frecuencias más veloces.

Para la Psicoemoción es muy importante *theta* porque trabajando en esta frecuencia cerebral se induce al paciente, a través de la hipnosis, a desentrañar sucesos traumáticos que hubieran quedado ocultos en el inconsciente.

Los estados *alpha* y *theta* son los únicos habilitados para desactivar los traumas, por ello, es imposible que la terapia convencional, tradicional y ortodoxa, pueda acceder a estos ya que solo utiliza la frecuencia *beta* en su dinámica y a lo largo de su metodología de abordaje, la que utiliza la palabra, razón y deducción lógica y analítica.

Los estados *alpha*, salvo excepciones, se van perdiendo a medida que nos adentramos en la adolescencia, nos alejamos de la imaginación y creatividad que son propios de los niños. El "juego imaginario" es una manifestación típica de esta frecuencia. El hemisferio derecho, la mente, almacena todas estas experiencias de la niñez basadas en la imaginación y la emoción. Motivo por el cual las vivencias y recuerdos de los niños son muchas veces exagerados y dramáticos, porque es así como el niño los experimenta. Para desactivarlo necesitamos emparentar el cerebro a la misma frecuencia en la que se grabó la vivencia, enlentecerla para hablar el mismo lenguaje con el que se vivió durante la niñez.

La dificultad que encontramos durante el crecimiento es que en la adolescencia se produce un quiebre con el mundo de la imaginación, comenzando a darle más protagonismo al cerebro —la razón— este toma el control, volviéndonos concretos, y alejándose de lo espiritual.

La mayor parte de la gente pierde sus dones de vivir en estadios *alpha* pasados los 14 años. Esto se ve en la aceleración que suele tener cuando habla, la poca concentración y el salto de un tema al otro por la velocidad con la que viajan sus pensamientos. Esta mayoría se aleja también de los procesos emocionales de la que adolece, cayendo en lagos de emoción sin la posibilidad siquiera de explicar lo que siente o qué le sucede, debido a la falta de interconexión entre los hemisferios.

Hay personas que se quedan bloqueadas en esta desconexión, suelen ser las más racionales, que explican todo desde la razón, quienes llaman la atención por ser fríos, distantes, que no muestran capacidad de empatía o de sentir alguno. Esta conducta los lleva muchas veces a padecer estados continuos de estrés dominados por las frecuencias *beta*, provocando en algunos casos la disociación de la mente, y asegurando un desequilibrio marcado con el correr del tiempo. Para que estas personas conecten nuevamente es recomendable la terapia psicoemocional, que utiliza la práctica de la meditación y visualización conectada con la posibilidad de empezar a reconocer emociones. Entrena al cerebro para que logre aquietarse, permitiendo que el flujo constante de pensamientos siga su curso sin poner atención en estos.

Una vez que se pone en práctica esta metodología y la mente empieza a despertarse, la creatividad, emociones e imaginación vuelven al sujeto brindándole salud mental, capacidad de concentración y retención de nuevos conceptos, la memoria, el poder de atención, fluctuar en estados emocionales más armónicos, tener rapidez para la toma de decisiones, mejorar las relaciones interpersonales, la relación consigo mismo, la autoestima, y el propio valor.

Las frecuencias *alpha* y *theta* carecen de conexión con el tiempo-espacio. Si estamos conscientes de esto, desde allí podemos generar los cambios sobre la realidad que vivimos en *beta*. Es ahí donde podemos transformar nuestra vida, por ejemplo: entender de modo neutro y sabio alguna relación disfuncional, recibir las soluciones a problemas de trabajo o económicos, tener una nueva perspectiva sobre algún tema determinado al que hemos puesto del derecho y del revés sin encontrarle salida. Los problemas cotidianos habitan en la vibración más superficial, *beta*. Liberarnos del tiempo-espacio nos transporta a un lugar de expansión y creatividad del que carece *beta*.

Desarrollar actividades físicas que no sean competitivas, como el yoga, correr, caminar, también nos trasladan a estas vibraciones *alpha*.

Cuando estamos dormidos o bajo los efectos de la anestesia la frecuencia cerebral es *delta*.

Los pacientes que realizan sesiones de regresión muy movilizantes, conectadas a traumas graves de su pasado, caen por unos pocos minutos en estado de sueño profundo —*delta*. Esto provoca un reseteo en el individuo y despierta con una sensación de calma, liviandad y alivio.

Las ondas *gamma* son las más altas en frecuencia y el reflejo de una gran actividad cerebral. Si se observan en un electrocardiograma significa que nuestro cerebro está funcionando a alta velocidad y puede reflejar una actividad superior en la concentración y resolución de problemas, como también respuestas explosivas a situaciones de ansiedad y pánico extremo. Monjes budistas registraron esta actividad en estado de meditación, ello manifiesta una alta actividad eléctrica del cerebro relacionada con una aguda activación emocional o procesos cognitivos superiores.

Cabe aclarar que las ondas se conectan entre sí en cada estadio particular, no se dividen y separan de modo tajante unas de otras. Las separé con la intención de que la explicación sea didáctica y comprensible a los fines del trabajo de desarrollo personal a abordar en la mejora de la salud mental.

Meditación y beneficios

La meditación está muy de moda, sin embargo, es una práctica milenaria, tradicional en los países orientales.

La fascinación que me produjo fue de muy jovencita aunque reconozco que me llevó muchos años poder dominarla.

Tuve mi primer acercamiento a los 17 años sin lograr demasiados resultados. Muchos años después la retomaría como herramienta en mis sesiones y para hacerla parte de mi vida para siempre.

La meditación tiene muchos beneficios, tanto para el cerebro como para el cuerpo físico, es un inductor que nos trae al aquí y ahora de forma inmediata, generando rápidamente un efecto de liberación de tensiones y estrés, mejorando con la práctica constante nuestra calidad de vida.

Las comprobaciones científicas son muchísimas. Universidades prestigiosas del mundo incorporan esta práctica en muchas de las nuevas metodologías de abordaje terapéutico, como así también desde la medicina general y neurociencias.

Voy a realizar un resumen de muchos de los descubrimientos que se pueden encontrar en *papers,* de fácil acceso para su corroboración.

Los siguientes puntos han sido comprobados empíricamente por científicos de diversas áreas, neurociencias, biología, psiquiatría, psicología, asegurando que la meditación provoca mejoras observadas y medidas, comprobando el cambio producido desde lo fáctico, empírico, científico y biológico.

Los beneficios son:

◊ La inducción y restablecimiento de los ciclos de sueño en personas que padecen insomnio.

◊ Mejora en la alimentación en personas con trastornos alimenticios.

◊ Notable y comprobable baja de estrés en pacientes con patologías psicológicas con efectos postraumáticos y recuperación de estados amnésicos.

◊ Mejora en relaciones interpersonales y visión de uno mismo.

◊ Agudización de la memoria, concentración, disminución de los niveles de ansiedad, depresión y estrés.

◊ Comprobable mejoría de diversas patologías físicas relacionadas con los procesos de cura de cáncer y diabetes, así como enfermedades autoinmunes.

◊ Las neurociencias comienzan a darle un lugar clave desde la neuroplasticidad, en el regeneramiento de conectores entre neuronas y la activación de nuevas partes del cerebro, que se activan durante el proceso de meditación, provocando una reacción positiva en la mejoría del paciente.

◊ La ciencia avala su práctica y la incentiva cada día más dada la baja de ansiedad comprobable y la sensación inmediata de bienestar, extremadamente benéficos para las personas y su sistema nervioso.

◊ Las neuroimágenes del cerebro han demostrado que las regiones implicadas con la atención —el lóbulo frontal— y las emociones —el sistema límbico— se activan. También se estimulan las neuronas del tronco cerebral afectadas directamente por el sistema respiratorio y el estado de calma provocado durante la meditación.

◊ El complejo de pre-Bötzinger —un área que contiene neuronas que se activan de forma rítmica con cada respiración, como si fuera un marcapasos respiratorio con varios ritmos diferentes— se activa de manera notoria durante la meditación. Declarando que no es una región que simplemente proporciona aire a los pulmones, sino que estas respiraciones también se asocian con señales sociales y emocionales. La meditación potencia el control sobre la respiración brindando un estado de bienestar cerebral.

◊ Reduce la actividad en la red cerebral responsable de los pensamientos autorrefenciales. Esta red se activa cuando la mente va de un pensamiento a otro. La "rumia mental" y la preocupación se relacionan con esta parte del cerebro.

◊ Los meditadores tienen mejor preservado su cerebro en comparación a quienes no lo hacen. Los participantes del experimento que habían meditado durante 20 años tenían mayor volumen de materia gris que sus pares de edad que no estaban habituados a la práctica. Los científicos esperaban resultados en pequeñas regiones del cerebro, encontrando un efecto que abarcaba todas las regiones de este.

◊ Un estudio sobre la capacidad de la meditación para reducir síntomas de ansiedad, depresión y dolor encontró que los efectos son iguales a los de las pastillas antidepresivas o psicofármacos. Han demostrado también beneficios en la disminución de la ansiedad generalizada y en la fobia social.

◊ El efecto de la meditación se comparó con los logros obtenidos en un programa para dejar de fumar, concluyendo que las personas que practican meditación tienen más probabilidades de dejar de hacerlo que aquellas que no.

◊ Útil para disminuir sentimientos de soledad, disminuyendo el riesgo de mortalidad y depresión.

◊ La disminución del estrés se comprueba después de las ocho semanas de comenzar con la práctica, ya que los centros de lucha o respuesta del cerebro —alojados en la amígdala— disminuyen su tamaño. Esta región cerebral asociada con el miedo y otras emociones interviene en la respuesta de estrés. A medida que la amígdala disminuye, el *cortex* prefrontal, asociado a las funciones como la concentración y la toma de decisiones, aumenta su tamaño.

◊ Las personas que tienen un nivel avanzado en el arte de la meditación experimentan menos dolor físico.

◊ Los practicantes de meditación muestran un descenso en el ritmo cardíaco y en la frecuencia respiratoria ocho meses después del período de entrenamiento.

◊ Treinta minutos de meditación al día reducen el riesgo de muerte prematura, Alzheimer, enfermedades del corazón y la depresión.

◊ Mejora la inducción a los ciclos de sueño y mejora notablemente los ciclos circadianos superando el insomnio, sumando además el contacto con la luz de las primeras horas del día, la alimentación y la actividad física.

◊ En solo ocho semanas de práctica de meditación se comienza a adquirir densidad de materia gris en las partes del cerebro asociadas a la memoria, sentido del yo, empatía y reducción del estrés. Esta materia gris se encuentra alojada en el hipocampo, un área importante en el cerebro que se ocupa del aprendizaje y la memoria.

◊ El grosor de la corteza cingulada aumenta así como parte del sistema límbico. Estas regiones influyen en las emociones, la atención, el aprendizaje, la memoria, y la percepción de dolor tanto físico como emocional.

◊ La materia gris en la amígdala disminuye, reduciendo la ansiedad, el miedo y el estrés.

◊ La zona izquierda del hipocampo, responsable del aprendizaje, las capacidades cognitivas, la memoria y la regulación de las emociones, también incrementa de tamaño.

◊ La unión temporoparietal, involucrada en las relaciones sociales, toma perspectiva, la empatía y la comprensión aumenta las proporciones.

◊ La idea principal de la meditación es conectar con uno mismo, con el aquí y ahora, con las sensaciones corporales, emociones o la respiración. Lo esencial es encontrar la conexión entre el cuerpo y la mente, y esto se ha demostrado que sucede manifiesto en el cuerpo.

Meditar puede literalmente **cambiar tu cerebro y tu cuerpo.**

Revisados estos puntos, llegamos a la conclusión que los beneficios que brinda la meditación no solo son observables desde lo psicológico-emocional, sino también desde lo conductual, físico y neurológico.

Estos cambios no se producen de la noche a la mañana, requieren de práctica y voluntad sostenidas, dedicándole un tiempo diario o semanal se creará el hábito y con ello la facilidad de realizar la meditación.

Es muy probable que en los inicios nos topemos con diferentes obstáculos como, por ejemplo, encontrar el momento del día, la incomodidad del cuerpo —si elegimos un tipo de meditación más ortodoxa como la trascendental— por eso invito a meditar a través de la visualización de imágenes y estar en reposo de la manera más cómoda posible, ya sea sentados o acostados. Otros obstáculos pueden ser, mantener el ritmo respiratorio y detener el flujo de pensamientos.

Hay que entender que superar todas estas dificultades es parte del proceso de adquisición de la práctica.

Mientras los superamos, aunque estemos incómodos, estamos entrenándonos en diferentes aspecto a fin de abandonar viejas costumbres hasta que se instalen las nuevas, lo cual nos tomará un tiempo necesario para alcanzar la meta. Es como si quisiéramos dominar un deporte sin entrenar semanalmente, resultaría imposible.

En resumen, parte de los logros que podemos alcanzar con esta práctica son:

◊ Reducir el estrés y la ansiedad.
◊ Mejorar la concentración, atención y razonamiento.
◊ Dormir mejor.
◊ Conocernos más de modo íntimo y profundo.
◊ Madurar la inteligencia emocional alejándonos de emociones abruptas.
◊ Aumentar la tolerancia al dolor.
◊ Incrementar la memoria y el aprendizaje.
◊ Promover el pensamiento positivo y optimista.
◊ Mejorar la capacidad empática y, por consiguiente, las relaciones sociales.

◊   Proceso de envejecimiento lento.

◊   Ayuda a controlar las adicciones.

◊   Es antidepresivo y ansiolítico, disminuyendo también la presión arterial.

Concluimos que las neurociencias han demostrado de forma categórica y empírica los efectos beneficiosos de la meditación sobre la salud física y mental.

04

EL INDIVIDUO EN RELACIÓN CON SUS PARES

Vínculos primarios
Seno familiar

Nacemos en un círculo familiar y lo necesitamos para sobrevivir. El ser humano es el más prematuro de todos los animales del planeta, llevándole años autoabastecerse, alimentarse por sí mismo y proveerse de abrigo. Este condicionamiento tan extremo lo integra a un todo durante el tiempo necesario para entender las leyes y normas de ese clan, aprender sus usos y costumbres, y adaptar su psiquis a este aspecto general. Imbuirse de su cultura y creencias sin la idea de individualidad hasta, por los menos, estar cercano a los siete años de vida.

El tema que se pone en juego como principal condicionante es el aspecto emocional, que queda sumergido en el inconsciente sin la posibilidad de manifestarse de modo consciente. Las únicas capacidades que tiene un niño de hacer conocer su displacer es a través de su conducta o sus síntomas físicos. El lenguaje de interpretación del adulto que está a su cuidado se vuelve metafórico porque para el pequeño es imposible hacerlo debido a que su capacidad simbólica es totalmente inmadura.

El individuo pequeño es parte de una familia o clan, con lo cual cada situación personal es para él vivida como grupal. No tiene consciencia de sí, eso hace que padezca exageradamente cualquier desequilibrio dentro del círculo debido a que su mirada es la de muchos no la de uno. En esa mirada agravada, grupal, agrandada, vivirá cada episodio de manera excesiva por ese motivo y por su pequeño e inmaduro tamaño, ambas realidades lo colocan frente a su existencia en un lugar inconscientemente muy vulnerable y las concesiones que el individuo recién nacido hace para sobrevivir son todas las imaginables. El individuo no es tal sino parte de un sistema grupal que lo condiciona, define, etiqueta, nombra, dirige, evalúa, reprime, acota, clasifica, de una y mil maneras, lo que va a generar una marca en su psicoemoción cuando llegue a la adolescencia y luego a la adultez. Estas marcas, heridas primarias, acompañan a lo largo de la vida hasta que se llevan al consciente y sellan el estilo que imprimimos a nuestra existencia. Dichas marcas son grandes, importantes, definitorias de nuestro carácter, personalidad, y condición madurativa emocional durante décadas, afectando y condicionando cada uno de nuestros pasos en relación con otros y luego con nosotros mismos.

Estas heridas y traumas hacen que las futuras escenas de vida se plasmen y repitan tantas veces como sea necesario hasta madurar y superarlas, desactivándolas de nuestra psiquis a través del proceso de inteligencia emocional provisto por la Psicoemoción.

Los roles jugados en esta etapa vinculados a los padres condicionará especialmente nuestra elección de pareja, garantizándonos la repetición inconsciente del mismo patrón y la vivencia solapada y oculta de lo que más sufrimos de la relación con ellos. Se repite inconscientemente lo que más rechazamos de ellos y se replican estas conductas con nuestras parejas. Se repite lo oculto y nos condena a vivir y sufrir si no lo llevamos a la luz de nuestro entendimiento psicoemocional.

El desequilibrio del sistema condiciona la Psicoemoción del niño, si el entorno es extremo los factores psicotizantes serán un futuro riesgo para su psiquis. Núcleos enfermos condicionan individuos enfermos porque son el resultado de ese sistema. Todos los sistemas familiares de alguna manera están desequilibrados, porque están conformados por individuos en constante crecimiento, el tema es aminorar el desequilibrio para concebir un sistema lo más sano posible. Cuando se dice que cada familia tiene lo suyo es la pura verdad. Hay características familiares que no son demasiado nocivas, pero en otras, la polaridad de su desbalance es tan grande que afecta el mundo psicoemocional generando una disfunción inexorable.

Por eso la esperanza que genera la Psicoemoción, en muchísimos de estos casos, consiste en desactivar los patrones por más graves que sean. Obviamente, se requiere la voluntad de la persona para hacer el trabajo de liberarse de estos junto al profesional, revirtiendo la herida extrema vivida en estos entornos familiares polarizados.

Cuando estamos cerca de los ocho años se abre un nuevo mundo y comenzamos a ponernos en juego con un otro, y eso nos da la capacidad de practicar y medir el poder que tenemos en mantener nuestras decisiones y pertenencias sin sucumbir frente a su poder. La relación con ese otro activa un mundo nuevo de pares, nuestra psiquis se va afinando y recortando a lo más cercano, fuera de la familia, regalándonos ricas y nuevas experiencias. El yo, a partir de ahora, se manifestará cada vez más al pasar la pubertad y llegar a la adolescencia. Allí estaremos en pleno juego con nuestro *ego*, separándonos por primera vez del entorno familiar, descalificándolo, y llevando toda nuestra percepción, energía e interés a experimentar nuestro universo de pares. Esa exogamia es sana y conforma parte de la evolución psicoemocional de una persona en ciclo de crecimiento esperable. El próximo corte con la familia, más cruento y tajante, es entre los 19 y 21 años, donde el joven comienza a separarse de la elección que hicieron para él, y elije por sí mismo. Esta elección conlleva un tinte de idealización, se abren grandes ideales a alcanzar desde lo emocional y desde las acciones, esta apertura del mundo tan extenso, le permite tener su primera conexión con lo que ocurre más allá de su familia. Su mundo emocional es muy inmaduro, sus sentimientos adolecen por la intensidad en que se manifiestan, la misma inmensidad del mundo que aparece frente a sus ojos es tan grande como las mareas de emoción que siente de un momento a otro. Dar un paso más en la percepción del mundo conlleva la marea de emociones que habitan en él y el(la) joven adolescente está decidido(a) a vivirlas y padecerlas. Es importante en esta etapa la capacidad del sistema familiar de contener sin ahogar, de respetar la privacidad del(a) jovencito(a), interviniendo en su vida como par —por momentos— y de apoyo después.

Estos primeros años de vida condicionan el entorno y constituyen el sistema neuro-psicoemocional del individuo. Tener la información necesaria de este núcleo, nos permite dibujar nuevamente el sistema para poder desactivar y reordenar según nuestro presente y elegir la manera en que queremos vivir y con qué tipo de relaciones nos queremos vincular. La elección nos da la posibilidad de reposicionarnos, romper con lo heredado forzoso y escribir nuestra propia historia. No podemos separarnos de la idea de ser gregarios y parte de la familia y sociedad, no obstante, sí podemos reposicionarnos y medir la distancia para que no nos afecten ciertas formas patológicas o nocivas que pudiéramos haber heredado como entorno directo.

Patrones de conducta

A consulta me llegan frecuentemente pacientes que han hecho o siguen haciendo terapia tradicional, o sea, la que utiliza la palabra como herramienta terapéutica. La pregunta que siempre me resonaba era por qué una persona hace terapia durante años y parece dar vueltas una y otra vez por la misma problemática —como un perro que corre su rabo sin alcanzarlo jamás— pero eso sí, en diferentes escenarios. He tenido pacientes que han dado vueltas sobre el mismo tema durante 10, 20 y hasta 40 años sin poder resolverlo.

Reconozco que ese fue el disparador que me entusiasmó a rebelarme con lo preestablecido de la frase: "el psicoanálisis no busca la cura". En mi interior, una voz gritaba claramente que, si yo como psicóloga no buscaba la cura del paciente, no me interesaba en absoluto ser terapeuta. ¿Para qué analizar lo analizado una y otra vez si no es para mejorar y sanar? ¿Cómo ir a un traumatólogo para no curar mi rodilla? ¿Cómo asistir a un dentista para que no me alivie y sane lo que me provoca dolor de muela? Nunca le encontré el sentido, no puedo pensar solamente en "analizar" situaciones traumáticas de un paciente y no hacer algo más para aliviarlo mientras sufre.

Mi personalidad no es de las que aceptan lo preestablecido sin ponerlo en duda, ir más allá, buscar nuevas formas, investigar, ponerlas del derecho y del revés. Considero que todo evoluciona constantemente y siempre hay más. Una teoría de hace 120 años no puede definir al hombre actual aunque indiscutiblemente las herramientas y descubrimientos hechos en ese tiempo hayan sido maravillosos y revolucionarios. Sin embargo, las ideas evolucionan constantemente y cuando algo se vuelve "lo establecido" pierde la riqueza de lo que puede cambiar y responder a las necesidades de cada aquí y ahora.

Pacientes que llegaban diciendo no quiero contar de nuevo mi historia, estoy harto(a) de hacerlo y seguir siempre en la misma. Hablo, hablo y ya estoy cansado(a) de escucharme, doy vueltas y vueltas y no voy a ningún lado. Personas que se acostaban a meditar y en la primera sesión regresaban a la misma escena de la cual habían estado hablando durante años en terapia convencional.

Todos estos testimonios me llevaron a investigar y necesitar encontrar la manera de aliviar las heridas de las personas y su sufrimiento de raíz.

Para ello comencé a observar que los patrones de conducta eran repetitivos, aunque se iban complejizando con el correr de los años. Todos los patrones dibujan algo así como un resorte que estiramos por ambas puntas, donde los rulos entre uno y otro círculo representan los momentos de la vida en que se cae en una crisis, esta toca siempre la misma herida, una y otra vez, agravándose en cada círculo un poco más cada vez. Quiere decir que la Gran Herida es siempre la misma —lo desarrollaré más a fondo en el capítulo siguiente.

Tomemos un ejemplo: el abandono. Aunque cambien las escenas, el paciente experimenta los mismos sentimientos cada vez que una situación termina conduciéndolo al mismo lugar, sentirse abandonado por uno y otro motivo.

Esta conducta se repite con sus vínculos, ocupando un personaje del arquetipo o su opuesto, actuando como abandónico o abandonado, como víctima o victimario. Salvo que haga un trabajo comprometido y profundo de terapia emocional, revivenciando a través de la meditación o hipnosis el hondo dolor provocado por el abandono en las diferentes vivencias sufridas en su historia y pueda desactivarlas de su cuerpo emocional. Única forma comprobada, en mis largos años como terapeuta, para el alivio y la sanación manifiesta y sostenida en el tiempo, haciendo la persona un cambio en su accionar sin proponérselo racionalmente. Naturalmente cambia la forma de posicionarse frente al otro, saliendo de los opuestos para pararse en un franja media de conducta más equilibrada.

Los patrones de conducta se van rigidizando y agravando con el correr de los años, alejándonos de nuestra esencia, víctima de las escenas que se repiten una y otra vez.

Cuando el alma encarna, las escenas y personas a nuestro alrededor nos invitan a practicar aquello que venimos a aprender, como si fuera una obra de teatro, donde el entorno y sus personajes —ya sean nuestros padres y hermanos— nos obligan a vivir situaciones para poner en práctica aquello que traemos como desafío de aprendizaje. El medio nos obliga a reposicionarnos una y otra vez, sin recordar el pacto que hicimos antes de encarnar, porque si así fuera tendríamos la facilidad de llevarlo a cabo, de potenciar las debilidades y practicar el fortalecimiento de los aspectos de nuestra personalidad que vinimos a madurar. Lamentablemente al no saberlo ni recordarlo, padecemos el desequilibrio y nos cerramos para defendernos del entorno hostil que sentimos que nos daña y lastima porque toca repetidamente la herida, haciéndonos padecer cada vez más, agravando la herida hasta volverla insoportable.

Soledad y abandono —o desamparo— son las dos grandes heridas que se complejizan con frases que marcan y etiquetan a cada persona. Por ejemplo: "soy un perdedor", "no valgo nada", "nadie me escucha", "soy invisible", etiquetas o roles que se llevan muy profundo desde la niñez y al resonar en el presente, activados por alguna situación, nos transportan al dolor, ante el cual reaccionamos de diferentes maneras atacando o debilitándonos más. A medida que vamos creciendo agravamos los patrones de conducta, endureciéndonos y alejándonos más de nuestro ser neutro y equilibrado. Durante muchas décadas padecemos este escenario teatral sin tener el manual de cómo salir del laberinto.

La Psicoemoción permite descubrir la salida de esta trampa, y para ello no se requiere nada externo. La clave, la llave, el manual está adentro de ti. No muchas personas tienen ganas de encontrarlo porque para ello hay que ser muy valiente. Utilizo esta palabra porque con la guía indicada, haciéndolo tú mismo o entregándote a un profesional idóneo llegarás a lo más hondo del sentir —donde se halla esa soledad y vacío que se siente tan profundo y desolador, y a ese abandono frío y desamparado. Ello te ayudará a que una vez explorado y dimensionado ese espacio que se sentía tan cargado de dolor, se transforme en tierra conocida, conquistada, en donde nadie más podrá llevarte inconscientemente, sabiendo exactamente que dimensión, sensación y magnitud tiene. No hay miedo que se vuelva más pequeño que el que se mira de frente.

Cuando trabajo con mis pacientes situaciones de abandono recurrentes y las vivencian las veces que hagan falta para desactivarlas y ordenarlas en el pasado, desafectivizadas, nunca más padecen la desilusión por la ruptura de una relación amorosa o porque alguien los deje o no los elija. Sienten la tristeza acorde a la situación vivida sin arrastrar el profundo dolor que padecían antes, cuando algo les tocaba "la gran herida".

Recorrer a través de la Psicoemoción el espiral de la vida, desactivar sus rulos vivenciando emocionalmente cada situación y desactivándola conscientemente hace que no carguemos con más emoción de la que cada situación merece. Una ruptura pasa a ser solo eso, y conlleva la emoción acorde a esa situación particular sin que arrastre la historia de todas las veces anteriores donde se sufrió lo mismo. Por eso es una herramienta maravillosa para alivianar el camino y cambiar de escenario en "esta obra teatral" que creamos.

Herida primaria

Todas las personas venimos con una gran herida o herida primaria. El mayor desafío que tenemos es superarla y sanar a pesar de que tanto el entorno como la personalidad que traemos serán completamente inmaduras para trascenderlo en las primeras décadas de nuestra vida.

Es la gran dificultad con la que venimos.

El alma pacta un aprendizaje y al llegar lo hace con los recursos necesarios para superarlo, pero se encuentran inmaduros. Dependerá de nosotros superar esos obstáculos, fortaleciendo y potenciando dichos recursos hasta lograr el cometido: aprendizaje y evolución. Con lo cual el camino estará trazado con escollos a superar y vencer durante toda nuestra existencia.

Esto nos pone en un lugar protagónico, no pudiendo responsabilizar a nada ni a nadie de nuestros fracasos o aciertos, de nuestra falla en el aprendizaje, de caer una y otra vez en la misma lección hasta superarla, solo tiene que ver con nosotros.

El alma pacta y decide el escenario elegido con los personajes adjudicados a cada rol que armarán la escena desafiante a dicho aprendizaje.

Pongamos un ejemplo: si alguien viene a ser comunicador puede ser que de pequeño padezca de una extrema timidez, que se ruboriza, tartamudea o pierde la voz casi hasta llegar a la afonía, criado en una familia de muchos hermanos en donde nadie lo escucha y sus comentarios son desoídos por completo, ignorado también en el colegio y recibiendo las cargadas de los demás.

En este contexto, la escena estaría dada para que la persona al ejercitarse una y otra vez frente a la misma dificultad de expresarse y ser oído fortalezca sus pobres e incipientes recursos —manifestando lo que quiere, siente y elige— madure esos débiles aspectos para creer en sí mismo, aprenda a hacerse escuchar y respetar lo que dice y sus propias ideas. Crezca y sea quien viene a ser, pero eso sería más fácil si "recordara qué viene a ser". Como lo olvidó al encarnar, lo que sucede es que durante décadas queda gravemente herido en su autoestima, descree de sí mismo, sienta que la frase que lo identifica es "siempre tan callado, ¿acaso no tenés voz?", lleve todas las emociones y las bloquee en la garganta o directamente lo ignore por completo. En ese contexto se hace muy ardua su vida.

Por ello es importante entender cómo se conforma el escenario, qué se espera de cada uno de nosotros y así saber cómo superar los obstáculos para evolucionar y no quedar estancado en la herida, en el dolor y el sufrimiento.

Quedamos identificados en este lugar y no logramos salir fácilmente porque carecemos de la información previa para transitarla: ¿qué se espera de nosotros? ¿Cuáles son las herramientas que traemos latentes? ¿Es posible vivir sin tanto sufrimiento? ¿La vida tiene un objetivo, misión o sentido? ¿Cuál es el mejor recorrido que podemos tomar para pasarla más relajados?

La buena noticia es que el camino ya tiene arregladas las postas donde conseguiremos cruzarnos con la persona indicada que nos ayude a entender de qué se trata el juego de la vida y que podamos capitalizarlo. Cuáles serán las crisis que una vez superadas nos regalen el aprendizaje para ubicarnos en un nuevo lugar, con nuevos vínculos y relaciones o reposicionándonos en otro rol. Siempre obtenemos ayuda, no se espera que lo logremos solos, pero debemos tener toda esta información para saber cómo son las reglas de este juego que decidimos venir a jugar.

Por esto sentí la necesidad de escribir este libro para que sepamos quiénes somos, a qué venimos y cómo podemos descubrir la salida del laberinto sabiendo con qué herramientas contamos.

¿Cómo se pone en juego la herida?

La herida la van activando y agrandando desde temprana edad las diferentes personas que están a nuestro alrededor, que encienden el dolor una y otra vez. El problema es que a lo largo de los años buscamos inconscientemente personas que jueguen el mismo rol, a veces con la intención de encontrar exactamente lo contrario. En otras ocasiones ocupando el rol del cual fuimos víctima, haciendo con otros lo mismo que hicieron con nosotros.

Para ello es muy esclarecedor incorporar el concepto que aquí utilizaré de **arquetipos**.

Los arquetipos son aquellos pensamientos subyacentes que resultan ser universales y se repiten en el inconsciente colectivo volviéndose un patrón repetido. Estos arquetipos son vivenciados de manera inconsciente por cada uno de nosotros.

Durante siglos, la humanidad se movió en la dualidad, presa de los modelos arquetípicos que se manifiestan polarizados en extremos, quiere decir que ocupamos un lugar o su opuesto. Así fuimos buenos o malos, víctimas o victimarios, sabios o ignorantes, reyes o esclavos, vírgenes o prostitutas.

Tomemos el más común de todos en el que la mayoría de nosotros nos sentimos identificados: víctima-victimario. Todo el tiempo nos identificamos con este arquetipo, en cualquier situación de vida, una injusticia, un dolor, una ruptura, un despido o un malentendido, activamos este patrón y somos presa de este.

El tema es entender cómo se pone en juego y cómo nos entrampamos en este. A partir de aquí intentaré explicarlo lo más en detalle posible.

Los arquetipos nos ponen en juego en un escenario determinado, donde percibimos nuestra "realidad psíquica" a través de un prisma que se repite. La realidad psíquica es subjetiva y está teñida por una mirada individual, atravesada por nuestra propia historia, no es objetiva ni descriptiva de los hechos reales.

Cualquier situación nos conducirá a sentirnos una víctima: un despido, no ser considerado como pieza valiosa, aunque pongamos todo nuestro esfuerzo en dicha actividad, quedar excluidos y criticados en el grupo de amigos, teniendo que cuidar reiteradamente de familiares enfermos sintiendo que estamos solos con la carga, siendo abusados por el maltrato de una pareja, desafortunados por percibir que todo lo malo nos sucede reiteradamente solo a nosotros. Esta es una posición, que muestra la cara blanca de la situación, somos pobres, débiles y víctimas del mal que se derrama sobre nosotros, somos dignos de pena y compasión. En la contracara, el aspecto en sombra es donde queda oculta nuestra parte intolerante, violenta, opresora e impaciente, maltratadora y soberbia. Siempre una cara compensa y es complementaria de la otra como si fueran las caras de una moneda.

Las personas prefieren identificarse con la cara luminosa aceptada socialmente que es "la parte bondadosa", la querible, y desechar la oscura, la oculta, la mala. Lo que se ignora al hacer esto, lo que no se hace consciente, se proyecta y manifiesta en nuestro entorno constantemente, ello significa que las vivencias externas serán las malas, las oscuras, las que no queremos reconocer o hacer conscientes, las que no aceptamos como parte de nuestra dualidad.

Hay un error de comprensión en el saber colectivo sobre la proyección de lo que somos. Suele escucharse que lo que nos molesta del otro es lo que llevamos oculto en el interior. En parte es cierto. Muchos pacientes expresan que se irritan en extremo al ver un opresor, violador o asesino, aduciendo que nunca serían capaces de realizar un acto tan cruel, por lo que no entienden el concepto. La explicación en este caso es que se identifican con el lugar de víctima, y las personas que consideran aberrantes representan el rol de victimario. Esto es lo que proyectan, no el parecido sino el rol en el que quedan posicionados por identificarse con el aspecto contrario. Lo que les irrita de manera extrema y les hace sentir que ese acto sea imperdonable es porque resuena con el dolor que tienen por dentro. No es que sean asesinos, agresores o violadores latentes, sino que fueron víctimas de padres o madres violentos, golpeadores, abusadores físicos o psicológicos provocándoles traumas tan hondos que se identifican constantemente con las víctimas. Por lo que, se es parte de la fórmula arquetípica ocupando un rol o el otro, quedando entrampado constantemente.

Estas escenas se repiten en la vida de todas las personas poniendo a prueba cuánto de lo que sufrimos hemos hecho consciente y está sanado, y cuánto no. Si no está sanando surgirá una sensación de intolerancia, odio, reacciones extremas que provocarán querer aniquilarlos al igual que hicieron con sus víctimas. Una reacción extrema oculta un dolor extremo.

Lo que está trabajado desde lo emocional se neutraliza, el arquetipo desaparece y, por lo tanto, no ocupamos ninguno de los dos lugares. Una vez consciente el arquetipo y nuestro dolor, dejan de proyectarse situaciones externas repetitivas y personas que actúan continuadamente ese rol. La moneda — dos caras— se convierte en esfera, el proceso es continuo, no lineal, imprimiendo un movimiento constante e invitando a vivir la experiencia en sí misma, alejándonos de la dualidad que provocan: la causa-efecto.

Muchas veces el trabajo de hacerlo consciente genera el cambio instantáneo de situaciones que se venían dando de manera negativa, por ejemplo, la gran herida de la desvalorización reiterada de una persona en su familia, una vez que la emoción se trabaja desde hacerla consciente el rol cambia drásticamente.

Me sucedió con una señora que la pasaba muy mal en su trabajo. Un par de compañeras se reían de ella y el jefe la ignoraba por completo. En la terapia trabajamos su herida primaria de maltratada y dejada de lado que sufrió en la infancia. Una vez hecha consciente esta información y limpias las emociones pudo posicionarse de otro modo: preguntarles a sus compañeras si tenían algún problema personal con ella, y dirigirse a su jefe con una actitud menos sumisa —esta nueva conducta le surgía de modo natural, sin esfuerzo alguno. Se sorprendió de cómo los demás cambiaron el trato para con ella y cómo el ambiente laboral se volvió más agradable.

Continuamente estamos creando situaciones que nos sirven para copiar escenas que nos hagan sentir lo mismo, la fórmula arquetípica la llevamos muy arraigada, e inconscientemente replicamos una y otra vez lo que nos hace sentir igual para considerarnos víctimas de lo que nos toca vivir, sin ser conscientes que **somos artífices de nuestro destino.** Las cosas no nos suceden en realidad, sino que recortamos las percepciones que nos hacen creer que siempre estamos repitiendo lo mismo en cualquier situación —realidad psíquica.

Cocreamos nuestro entorno —nosotros y el exterior— cocreamos lo que habitamos, por eso es tan importante observar en dónde estamos posicionados, qué rol ocupamos, cómo nos sentimos. De esta manera logramos neutralizar arquetipos, salirnos de la dualidad que nos condena a actuar desde un extremo u otro, quedando entrampados en una fórmula imaginaria que existe únicamente como disparador de búsqueda de recursos internos para superarla, no con la intención de quedarnos inmersos allí, sin poder salir.

Situaciones como estas conforman nuestro día a día, de esto se trata vivir, hacer conscientes las escenas que se ponen en juego, los actores que la conforman, las emociones que nos bloquean. Si se repiten en uno o varios aspectos de nuestra vida —familia, trabajo, vida individual o amigos— es con el objetivo de poner atención en la repetición de un patrón oculto que debemos develar, sabiendo que tenemos la capacidad de hacerlo y que la idea subyacente de nuestra existencia es superar los obstáculos, desemocionalizar las situaciones volviéndolas lo más neutral posible, para fluir del mejor modo posible. Si una misma posición se repite en el hogar y en el trabajo no es casualidad. Tenemos que revisar qué es lo que estamos haciendo erróneo, dónde repetimos el arquetipo, para poder reposicionarnos y salir de la trampa.

La herida y los arquetipos crean la escena propicia para el aprendizaje y la superación de obstáculos, no para generar una trampa de la que no podemos salir.

Rol y etiqueta

Hay tantos **roles** en la vida como vasta sea nuestra imaginación.

Muchas veces, cuando nos preguntan cómo somos, cómo nos vemos o cómo actuamos frente a estímulos determinados, elegimos alguno, el que más nos conviene o simplemente el que más conocemos, pero ¿esto tiene algo que ver con la realidad de quiénes somos? La respuesta es no. Que sea como nos mostramos dista mucho de la realidad de lo que somos, cómo nos vemos y cómo actuamos.

Con los años adoptamos personajes que nos cuidan, cubren o protegen de las situaciones que vamos viviendo. No siempre son gratos, sin embargo, son los que estamos acostumbrados a usar para salir al mundo.

Cada uno de estos disfraces representa una parte de nuestra compleja personalidad. Esta se define por lo que mostramos, lo que queremos que vean y la impresión que damos. No es nuestra esencia, esa la mostramos a muy pocos porque nos vulnera, afecta y hace doler. Abrirnos, requiere de ciertas garantías que creemos tener para que no nos dañen, lamentablemente, muchas veces no lo logramos.

Utilizando estos roles ponemos en juego una escena teatral a lo largo de los años, por lo general sin ser conscientes de ello.

Empezar a conocerlos es la clave de este capítulo porque nos dará un conocimiento muy rico sobre nosotros mismos, y nos ayudará a elegir si queremos ponerlos en juego, si se colocan por repetición, si los usamos en alguna situación determinada, o si ya es tiempo que los dejemos a un lado para siempre.

Los roles se activan desde el día uno en que nacemos. Lo hacemos dentro de un sistema familiar y en ese momento nos asignan inconscientemente un rol. Nos adjudican una o varias etiquetas que nos nombrarán durante las primeras décadas de nuestra vida hasta que podamos hacernos conscientes de quiénes somos, qué proyectan en nosotros y cómo manejamos esos roles.

O después de leer este capítulo.

Desde pequeños aprendemos a agradar para ser aceptados y garantizarnos la supervivencia. Somos bienvenidos a un mundo malo y bueno. El mal se niega y se esconde en "la sombra", lo bueno se muestra abiertamente. Actuamos ocultando, manipulando muchas veces sin querer, procediendo como hipócritas para ser parte de este.

Asimilamos muy temprano que no podemos ser totalmente francos porque este mundo no está en condiciones de asumirlo. Entonces, comenzamos a habitar disfraces para expresarnos y en el devenir algunas de esas ropas se nos pegan a la carne olvidándonos por momentos qué hay debajo.

Si alguien nos pregunta cómo somos, respondemos en general dando las características que nos conviene que sean escuchadas. Si quiere profundizar, y la persona es más allegada a nuestro afecto o nos genera algún tipo de interés, nos explayamos y explicamos los roles que jugamos y en qué momentos. Pero, aunque nuestra intención sea la mejor raramente nombramos más de tres o cuatro, lo sorprendente es que tenemos 20 o más. No es porque tengamos alguna patología psiquiátrica, sino porque desconocemos en gran parte nuestra personalidad.

Uno de los aspectos de la personalidad es el *ego*. Este funciona como nuestra cáscara, la armadura o disfraz que utilizamos para afrontar distintos momentos de la vida. Es muy vulnerable porque es la capa externa que se sustenta en modelos sociales aceptados o conocidos.

El *ego* se forma con todos los disfraces que usamos en nuestra vida y esta se transforma en un escenario muy complejo que nos coloca en diversas situaciones en donde se requiere jugar distintos papeles.

De este modo, si sufrimos acoso en el colegio podremos usar varios disfraces, el de invisibilidad, el de superhéroe, el ignorado, el rechazado, la víctima. Ante cada situación tenemos la posibilidad de ponernos distintos, con lo cual, si en una sola situación aparecen tantas opciones, imaginemos a lo largo de toda nuestra vida la cantidad de roles y etiquetas que nos colocamos y nos colocan.

Estos roles accionan una fórmula que se repite en forma de espiral ascendente, haciéndonos caer una y otra vez en la sensación de estar padeciendo el mismo sufrimiento en el que nos identificamos y proyectamos en nuestros futuros vínculos.

Un ejemplo es como repetimos el rol jugado en relación con nuestra madre o padre y en la pareja. Inconscientemente redundamos el lugar en que nos pusieron de niños y lo llevamos oculto garantizándonos el sufrimiento. Si fuiste abandonada por tu padre y no lo resolviste, proyectarás en los hombres que conozcas la fórmula de "abandonada-abandónico" que ponga en juego tu rol, haciendo que el inconsciente elija la pareja que te coloque en ese mismo lugar de dolor, activando nuevamente tu herida primaria "nadie me ve" o "nadie me elige" "no valgo lo suficiente". ¿Para qué? Para que podamos identificarlo, hacerlo consciente, liberarlo y fortalecernos sin la necesidad de seguir poniéndolo en juego. O nos traerá alguien tan absorbente y dependiente que nos generará el efecto opuesto, de ahogo, por demás "te veo tanto que no te dejo respirar", "te elijo por sobre todas las cosas". Uno u otro nos mostrará la polaridad padecida por la fórmula que repetimos.

La vida vista de esta manera es muy compleja, aunque al saber esta información comienza a aclararse porque entendemos que forma parte de quienes somos, y que no solo nos ocurre a nosotros.

Si tomamos consciencia de nuestros roles y a qué fórmula arquetípica corresponden percibiremos con nitidez la escena, teniendo el poder de cambiarlos y reubicarnos.

Los "roles de rescate" son aquellos que nos dan la capacidad, aunque sea externa, de superar el momento, por ejemplo, si tienes que bailar en público, no sabes hacerlo y eres extremadamente tímido(a), te pondrás el rol de simpático(a) y saldrás airoso(a). Si buscas una actividad laboral irás por el rol de "empleado(a) perfecto(a)" para convencer al reclutador de que eres la persona adecuada para el puesto, aunque te sientas muerto de miedo. Si estás frente a alguien por quien "mueres de amor", quieres tener la oportunidad de conocer y tienes expectativas, pero te ruborizas y tartamudeas te prepararás practicando el disfraz de diva o de galán para inyectarte un poco de orgullo propio y equilibrar la situación.

Los roles se aprovechan durante años hasta que hacemos un trabajo interno, arduo, profundo y verdadero a fin de fortalecer nuestra esencia, nuestro yo terreno y espiritual. Mientras tanto, los utilizamos todo el tiempo sin darnos cuenta y está bien que lo hagamos porque es un recurso de nuestra personalidad, cuánto más claros lo veamos, haremos mejor uso de estos.

La vida en un escenario y tenemos derecho a utilizar las capacidades del *ego* a nuestro favor.

En mis sesiones aplico mucho este recurso con la finalidad de que la persona se pare en su lugar más empoderado, para luego hacer el trabajo emocional de liberación de heridas que lleva un tiempo más largo.

Te propongo otro ejercicio de visualización guiada para hacer la experiencia más práctica y entretenida. Coloca tu teléfono celular sobre la siguiente imagen QR.

Ejercicio: Roles y disfraces

Nos colocan **las etiquetas** desde que estamos en el vientre de nuestra madre. Mi amor, mi bebé, mi luz, mi tesoro, esta panza que me hace sentir mal, esta carga, este peso, uno más. Cuando nacemos, se agregan más: el caprichoso, la rebelde, el que no se conforma, la que llora todo el tiempo, el que rechazo, la luz de mis ojos, el que viene a reemplazar al que perdí, pero no es suficiente, el milagro, la sobreprotegida, el débil.

Todas estas etiquetas nos condicionan para actuar de una manera que termina transformándose en un rol sin darnos cuenta. Si nos ven como el rebelde es porque queremos llamar la atención de la cual carecemos, y adoptamos esta personalidad exagerada para responder a la etiqueta, de otra forma no existo para el otro. Los trastornos de conducta, en la mayoría de los niños rebeldes, es una llamada de atención para ser vistos. Esa persona, durante su vida, llamará la atención de sus pares y de su pareja de una y otra manera para reparar esta etiqueta que la condena y al transformarse en rol es probable que siempre elija una forma límite, extrema o exagerada.

Cuando los niños son demasiado obedientes hay una exigencia que los carga de responsabilidad y el peso es tan grande que se la pasan exigidos a cumplir porque es la única forma que consideran ser vistos y por consiguiente "amados".

Con estos ejemplos evidenciamos como esa etiqueta condiciona nuestra vida y vínculos futuros, responsable en gran parte del padecimiento. Etiquetas hay muchas, tenemos que trabajar para identificarlas, conocer cómo se convierten en rol y cómo afectan nuestros vínculos.

La etiqueta define rasgos de la personalidad, estos rasgos conforman un rol, estos roles crean fórmulas, y en estas jugamos de a pares arquetípicos donde se muestra la herida primaria, en opuestos y complementarios.

En estos pares de opuestos quedamos atascados hasta que los trabajemos y los hagamos conscientes, son solo un aspecto parcial de la personalidad que toma importancia si contiene la herida primaria. Ese será el rol por excelencia y lo que proyectaremos directamente en las principales parejas de nuestra vida.

El observador

El observador es una forma de entender rápidamente una determinada situación conflictiva que está ocurriendo. Nos brindará mucha información de cómo se ponen en juego nuestras emociones frente a determinadas situaciones.

Imaginemos que el observador es una parte nuestra que puede elevarse y mirar la situación que estamos viviendo desde lo más alto, por consiguiente, más nítido y lo suficientemente arriba para no sentir ni dejarse atrapar por ningún sentimiento. Es decir, como si fuera un crítico espectador de una obra de teatro, está lejos de la escena para describirla sin ser parte, sin impactarse por la emocionalidad a la cual nos quieren arrastrar los personajes de la obra.

Tenemos entonces dos partes: una emocional, subjetiva que está arriba del escenario, inmersa, atravesada por lo que está viviendo, y otra consciente —el observador— neutra, clara, que describe la situación con objetividad.

El ejercicio se trata de desdoblarnos y ser conscientes de ambos personajes que suceden al mismo tiempo: el subjetivo y el objetivo. La persona que está viviendo el suceso y "el observador" que representa la parte neutra y desemocionalizada, capaz de explicar lo que sucede sin perderse en ello.

Este observador es increíblemente rico para darnos cuenta qué estamos repitiendo en esa vivencia, qué herida se está poniendo en juego nuevamente, proporcionándonos rápidamente una mirada despejada para alejarnos del rol en el cual nos estamos entrampando otra vez.

Te propongo un ejercicio de visualización guiada para hacer esto más entretenido. Coloca tu teléfono celular sobre la siguiente imagen QR.

El trauma

El trauma emocional es una marca que se produce a consecuencia de una herida psicológica. Se relaciona con situaciones extremas, perturbadoras, estresantes, en donde la persona se siente amenazada real o subjetivamente porque su integridad o la de sus afectos cercanos está en peligro.

Ello genera un desajuste paulatino en la calidad de vida, anulando la capacidad de adaptación a la realidad circundante, degradando y dificultando la posibilidad de vivir armoniosamente en relación con el entorno social y afectivo.

Agravado puede también afectar la salud mental y física.

El trauma proviene de una situación determinada a la que se le agrega, sin querer, un cúmulo exagerado de emociones.

Es como si enfrentáramos ambas manos, una representa la situación y la otra el cúmulo de emociones sufridas en un determinado momento, un instante que las anuda dejándolas entrelazadas para siempre. Al seguir con nuestras vidas tenemos que hacerlo de esa manera, con esa dificultad. Hasta que no encontremos la manera de desanudar los dedos y separar las manos no podremos utilizarlas libremente lo cual condicionará nuestra vida para siempre.

Los traumas tienen la característica de transformarse en una piedra con la que tropezamos una y otra vez. Ya sea porque las escenas post trauma nos colocan en el mismo lugar y lo resignifican o porque en una época o momento de nuestra vida condensa una sobrecarga de emociones y esa carga energética altera nuestro presente continuo —abusos, pérdidas, accidentes, mudanzas, desarraigo, entre otras.

Estos traumas tienen una manera de desactivarse y es a través de la psicología emocional, la Psicoemoción.

Mi modalidad terapéutica es capaz de llevar al individuo a revivir paso a paso las emociones en el cuerpo, identificándolas una a una durante el tiempo necesario hasta disolverlas por completo.

En el trauma las emociones colapsan unas encima de otras y la persona es incapaz de entender lo sucedido, solo es víctima de esa situación. El tiempo transcurre con rapidez, a veces milésimas de segundo, en donde se arrebatan y colapsan unas con otras sin poder identificar ni procesar lo ocurrido. Todas y cada una de las emociones quedan anudadas y eso se guarda en lo profundo de la psiquis, el inconsciente.

Cada situación que toque el recuerdo de dicho trauma reitera la escena que resignifica la situación primaria, comenzando a sufrir inconscientemente lo mismo que en el pasado, sin saber el porqué se replica el dolor ni entender la causa del padecimiento. Por eso, en la terapia hay que desandar el camino que se colapsó en el pasado, desarmando paso a paso la madeja.

He atendido una paciente que durante 17 años realizó terapia convencional por un tema de abuso sufrido cuando era pequeña, convencida que el tema estaba superado. Al tiempo de abandonar esta terapia comienza a sentir un decaimiento anímico del cual no podía salir, su vida había perdido encanto y estímulo, nada la hacía conectarse con el disfrute y empezaba a padecer miedos, no entendía el motivo ya que nada parecía haber cambiado a su alrededor.

En la primera sesión de regresión volvió al mismo episodio de abuso sufrido. Recuerdo que se agarraba la cabeza diciendo —¡Cómo puede ser que aparezca esta escena si la trabajé tanto tiempo!

Esto me ha dado, en cientos de casos, rotunda evidencia de que la palabra no es suficiente para desactivar el trauma. Lo que esta hace es describirlo, elaborarlo desde un aspecto racional, pero no es suficiente para liberarla de la repetición solapada de lo sufrido.

El trauma sigue allí deteniendo el flujo de energía vital, empobreciendo la vida hasta que se aborda desde el inconsciente. Como hemos visto en otros capítulos, no se puede desactivar emociones y recuerdos traumáticos con la palabra, es superficial y comandada por el hemisferio izquierdo, lógico-matemático.

La descripción superficial que ejerce la palabra con respecto al evento no alcanza para registrar, entender y procesar la intensidad tan profunda que conlleva un trauma.

La única manera de superarlo es con las regresiones, tantas como sean necesarias, hasta volver al hecho y no sentir ninguna emoción conectada. Lo más increíble es que no se necesitan muchas, a veces, en dos o tres encuentros se desactivan traumas de toda una vida. Siempre depende del trabajo previo que haya realizado la persona que consulta —la terapia convencional ayuda mucho a disminuir las cantidad de sesiones regresivas— y la capacidad de entrega. La confianza y entrega al profesional es clave en el proceso de sanación.

Los hechos del pasado no se pueden borrar, pero sí la intensidad del sufrimiento. Una vez realizadas las sesiones necesarias, las personas son capaces de hablar sobre dicha situación sin padecer ni sufrir.

Esta es la parte de mi trabajo que mayor satisfacción me ha dado. Recibir personas que han sufrido abuso, físico o psicológico, accidentes con pérdidas fatales y luego del trabajo conjunto, logran hablar sobre el tema sin quebrarse.

Solo revivenciando las situaciones traumáticas, a través de la hipnosis, podemos llevar el trauma a cero y resolverlo para siempre, ya que, para desinstalarlo de la psiquis, para desunir las manos entrelazadas, hay que utilizar la misma energía con la que se creó y para ello necesitamos estar navegando el inconsciente.

05

EL INDIVIDUO EN RELACIÓN CON LO TRANSPERSONAL

Mi relación con la locura

Soy psicóloga y desde que estudiaba sentí alejarme de mis colegas. En ese entonces no entendía cuál era el motivo, pero con el correr de los años esta sensación tomaría fuerza y se me revelaría con nitidez. Mi incomodidad principal era que no tenían en cuenta algo que yo consideraba fundamental del ser humano: **su alma**. Esa parte invisible y mágica que habita en algún lugar que aún no se ha descubierto y por eso los científicos no pueden dar cuenta.

Durante mis estudios compartí tiempo con diferentes grupos y encontré personas amorosas, sin embargo, nada me hizo seguir conectada a la forma de pensar de los psicólogos.

Con respecto al psicoanálisis y a la psicología tradicional me llevaría del mismo modo. No resonaban en mí el exceso de razón, analizar lo analizado una y mil veces, que todas las conductas humanas tuvieran como fundamento lo fálico, edípico y sexual reprimido, y que tanto análisis no llevara como meta "la cura".

La mirada machista del análisis freudiano era notoria ya que su recorte estaba teñido del pensamiento de su época victoriana y de ahí derivaban sus hipótesis y teorías de las cuales disentí desde el comienzo, aunque siempre le estuve muy agradecida por haberle dado un marco de respeto y profesionalismo a la psicología además de sus maravillosos descubrimientos. Lo que llamaba mi atención era que de ahí no pudiéramos salir. Habían pasado 100 años y los profesionales seguían fanatizándose con identificarse freudianos o lacanianos como muestra de esnobismo, alejándose de si era útil o no para los pacientes actuales. Me resultaba inentendible, un verdadero sinsentido.

Lamento que la universidad no nos instruyera más de la teoría junguiana, con solo un par de capítulos leídos de joven, descubriría décadas después puntos muy coincidentes con mi propia teoría y modalidad de abordaje. El tiempo hizo que mi camino de investigaciones descubriera el mismo sendero que Carl Jung recorrió para sus teorías de pensamiento.

Impecable coincidencia dirían algunos, maravillosa sincronicidad diría yo.

El conocimiento está latente en una nube inconsciente donde cualquiera que resuene con ese vibrar y siga los pasos de esa variable de preguntas existenciales accede a la información. Así es como un descubrimiento se revela al mismo tiempo en dos lugares diferentes del planeta o dos poetas o músicos pueden crear obras similares al unísono. La inspiración está en la fuente y quien resuene afín accede a esta.

Para ello hay que entender la mente —hemisferio derecho— no solo el cerebro —hemisferio izquierdo. Quiero hacer la distinción entre estos dos conceptos para que tú puedas entender lo que sigue en este capítulo.

Fui llevando sin dudar mis investigaciones e hipótesis en esa dirección, estudiando, analizando y experimentando las capacidades que tiene el inconsciente en lo oculto, el misterio, la intuición, las emociones, el instinto, la percepción de lo sutil, la premonición, los archivos de otras vidas, los "sueños vívidos".

Para ello tuve que refinar una técnica adecuada que me permitiera sumergirme en el mundo emocional y franquear las barreras represivas para acceder a ese campo, por eso debí alejarme de "la palabra" para navegar "el sentir". La hipnosis fue la puerta de acceso a ese mundo fascinante que es **la mente**.

Desde muy jovencita, haciendo mis prácticas en neuropsiquiátricos, pensaba de las personas que la ciencia denominaba "psicóticas" eran aquellas que tocaban esta tierra con un solo dedo del pie: cuánto menos contacto, más habitaban un mundo incomprensible para la mayor parte de los humanos que los llamaban "delirantes".

Por alguna razón, que entendí de más grande, para mí no lo eran, sentía que ellos habitaban una dimensión no comprensible para las reglas generales y acotadas de la razón, pero ese era nuestro problema, no el de ellos.

Con los años fui descubriendo, casi sin querer, las habilidades superiores de nuestra mente. Mi formación académica en psicología tradicional y en psicoanálisis no eran suficientes para los resultados que quería obtener de "sanación" en mis pacientes.

En los siguientes testimonios compartiré la experiencia de dos personas que tuve la fortuna de atender y que me permitieron transitar junto a ellos su increíble e ilimitado mundo del hemisferio derecho, extraño para algunos, pero conocido para otros que no son escuchados.

Este testimonio llena de esperanza a los seres que sufren experiencias similares, sin embargo, a diferencia de ellos, son incomprendidos y encerrados porque la ciencia no los puede clasificar en un libro de patologías, y los profesionales no tienen el vuelo y la sensibilidad de escuchar con el alma de manera más abarcativa y sutil, condenando al encierro a todo aquello que su ignorancia no puede dar cuenta ni lugar.

S.B. 40 años. Transcripción textual.

Recuerdo mi primer encuentro, con la sensación de *esta mujer me entiende, me escucha, no soy un bicho raro, es cálida, me contiene.*

Ella fue en ese primer momento el nido donde yo me sentí segura, comprendida y aceptada.

Mi familia estaba desbordada y angustiada por lo que me estaba pasando, mi destino sería caer en manos de un psiquiatra que me diera psicofármacos de por vida, ya lo sabíamos. Estábamos desesperados, no era lo que queríamos, en ese momento, una amiga me recomendó a Claudia, asegurándome que ella me ayudaría, que lo había hecho con un íntimo amigo suyo que había estado internado en un psiquiátrico por alucinaciones y que lo había sacado adelante.

Ahora empezaba a llevar una vida normal y estaba recuperado casi por completo.

No dudamos ni un instante.

Fui a verla y trabajamos un mes a full. Intenso, profundo, doloroso, movilizante.

Sesiones de diálogo, meditaciones y regresiones a los momentos más difíciles de mi niñez. Lo que más me impresionaba era el dolor que tenía adentro sin saberlo, el sufrimiento que guardaba mi corazón. El terror que había vivido en ciertas etapas de mi vida y que nunca había sentido con tanta crudeza.

Había hecho terapia, pero hablada, esto era ¡OTRA COSA!

Yo volvía en unos días al país donde resido actualmente, así que no la volvería a ver.

Cuando regresé, empecé la búsqueda de un terapeuta, un nuevo guía, pero no encontraba el ida y vuelta que tenía con ella y entonces me dije: *No, yo quiero seguir con Claudia.*

Sentía haber encontrado por primera vez en mi vida alguien en quien confiar, poder entregarle mi cabeza y mis penas y que tuviera una nueva mirada cálida, no fuera un juez, sino un par.

Ella me había dicho que le era difícil derivarme a alguien, porque no abordarían desde la Psicoemoción y en caso que no encontrara con quien seguir lo haríamos por videollamada, fui su primera paciente "aérea".

La verdad que no sentíamos la diferencia, las sesiones seguían siendo tan movilizantes y profundas como las presenciales.

Claudia es mi otra mirada, ella va conectando, observando y dando puntos de vista donde yo a veces estoy dubitativa, o no logro ver la situación clara cuando estoy muy angustiada, triste. Me ayuda a recorrer hechos de la vida donde necesito resolver, ver de cerca, interpretar de otra manera. O simplemente vivir ese momento en toda su magnitud, aunque duela, para luego sentirme más despejada, vacía, más tranquila, en paz.

Llegué a Claudia como un ovillo en el piso, todo revuelto y desordenado. Y allí nos sentamos las dos para empezar a ovillar. Con paciencia, con ganas y consciencia.

S.B. llegó deshecha, asustada. Algo tenía muy claro, no quería repetir lo que ya había pasado en una crisis anterior alucinatoria. Tampoco quería ser medicada, tenía y transmitía toda la fuerza interior para que yo evaluara la posibilidad de que así fuera.

Creía fervientemente que si la lograba anclar en su presente, y le quitaba rápidamente los mares de angustia, miedo y dolor que traía, lograríamos juntas estabilizar su mente.

La cabeza de S.B. se había disparado de la realidad cuando su corazón ya no pudo resistir el dolor por el que estaba atravesando.

La psiquis tiene el recurso de disociarse del corazón cuando el sufrimiento emocional o físico se vuelve intolerable, se separa como recurso de supervivencia y la persona cae en un estado de alucinación. Este era uno de esos casos.

Otra de las situaciones en donde se observa esta conducta es cuando una persona fue víctima de tortura física.

En este caso S.B. había sufrido un desengaño amoroso, era su cuarta desilusión, ella era muy romántica y el amor de pareja era lo más importante a alcanzar en su vida.

Cuando llegó al consultorio tenía una expresión de terror en los ojos. Perderse en los laberintos de la mente y desconectarse de la realidad por momentos es desesperante, espeluznante.

Este era el caso, la angustia de sentirse esclava del capricho de su razón disociada la llenaba de pánico. Sentía que no tenía control sobre su mente y era su víctima cuando se desconectaba de la realidad en la que se encontraba.

Rápidamente le hice entender que la cabeza no tenía dominio sobre su persona sino al revés. Se sorprendió mucho al escucharlo porque la esperanza de controlar su mente y no ser su víctima era algo que nunca le habían dicho.

El primer paso hacia la cura fue creer en sí misma. Devolverle su **poder interior**, el control de ella misma.

Luego fue fundamental su compromiso, su entrega, confianza y la apertura que hizo de su campo emocional.

Eso es el principio de la recuperación.

Estoy absolutamente segura que cualquier otro profesional la hubiera medicado con psicofármacos, la mayor parte de los profesionales de salud mental lo hace al desconocer esta modalidad de abordaje psicoemocional, en donde el colapso emocional puede ser abordado con la regresión a lo traumático y una vez vaciados los mares de angustia, dolor, miedo y soledad, las personas recobran la conexión entre la mente y el corazón, fortaleciendo su psiquis y logrando a partir de ahí una vida plena y normal.

Este fue el caso de S.B., quien superó su estado crítico de alucinación. Después de un mes, la única posibilidad que teníamos era atenderla vía internet por residir en otro país, como ella relata, fue mi primer paciente virtual, la experiencia nos llenaba de entusiasmo y esperanza. Las sesiones eran tan vividas como si estuviéramos juntas, no sentíamos diferencia alguna, al contrario, por momentos eran mucho más productivas porque S.B. quedaba en estado de relajación el tiempo que quisiera luego de la sesión y esto le hacía muy bien. Al cabo de un año y medio su recuperación fue total.

La empatía entre dos personas y la conexión amorosa del compromiso asumido en una misma tarea no sabe de distancias. Reconozco que el caso era muy delicado, pero no tenía posibilidad de derivarla a otro profesional, aunque lo intentamos, porque no compartiría mi técnica, la Psicoemoción y, sin duda alguna, la hubiera medicado sin hacer el profundo y arduo recorrido emocional y vivencial que hicimos juntas con el objetivo de liberarla de su interior para siempre y pudiera superar lo que la desconectaba de su emoción.

Hoy, cuatro años después lleva una vida plena, tiene su propia empresa de artesanías, ha generado vínculos sanos de pareja, es una fotógrafa magnífica y reconocida. Nunca volvió a tener esa sensación que experimentaba en su cabeza que la aterraba pensando en la posible desconexión.

F.B. 31 años. Transcripción literal.

Contacté a Claudia en un estado emocional y mental de mucha confusión, venía de transitar muchas experiencias "místicas" por llamarlas de alguna manera, que no podía entender, darles cauce, ni un orden en concreto.

Cuando la conozco me dio la seguridad de que sabía lo que yo tenía, no dudó ni por un momento de que iba a ayudar a equilibrarme. Y esa firmeza, entereza y, sobre todo, el amor que tiene fue lo que a mí me dio la confianza necesaria para empezar a trabajar y transitar esa etapa del camino juntos.

Así empezamos las terapias dos veces por semana, donde me hundía en la profundidad de mi interior para de a poco ir encontrándole un orden. Ella sin duda tenía el objetivo de volverme a conectar con una realidad más humana, la podríamos llamar más 3D (tercera dimensión), y junto a su equipo de ese momento tuve toda la comprensión y el apoyo para paso tras paso, ir encauzando y sanando.

Claramente Claudia era un poste de luz que me daba una perspectiva clara por donde ir y profundizar, pero el trabajo era mío, siempre uno tiene que hacer los pequeños y sutiles movimientos para acomodar y sanar.

En las terapias abríamos puertas que luego yo tenía que ejercitar en otros momentos de mi vida diaria, pero aunque temía desequilibrarme, tenía la confianza de saber que ella me estaba acompañando.

Fue un trabajo muy arduo, pero con una guía firme, clara y segura de lo que hacía y para mí eso fue lo más importante en momentos de tanta confusión.

Siento la conexión sutil con la realidad, me conecto con la forma que crea la forma, soy expansión, soy armonía, soy unidad con todo lo que existe. Habito en esa realidad por mucho tiempo, la mente me muestra otro tipo de pensamiento en un nivel mucho más sutil y profundo, donde las interpretaciones son diferentes, vivo en una vida de sueño, de fantasía, en calma y en amor.

La experiencia me invita a seguir indagando, empiezo a entrar en diferentes realidades que son verdades, me comunico con seres más sutiles que corresponden a otras dimensiones vibratorias. En ese plano todo es telepático, lo que veo se transforma en otra cosa, ya no entiendo la realidad como la entendía, ya ni si quiera existe la posibilidad consciente de entenderla de esa manera, se siente que mi vida humana quedó en algún libro de recuerdo lejano de mis existencias que en este momento no tengo registro, estoy en otro tiempo, el espacio sigue siendo parecido, no el mismo, sino parecido, pero las personas ya no son las personas que conocía, tienen otro lenguaje, otra información, hablan de cosas que son difíciles de traducir porque mi mente inconscientemente las sigue entendiendo y proyectando con todo lo aprendido en estos años de experiencia en esta realidad dual, me desespero, me da mucho miedo, no puedo salir de ahí y cuanto más miedo y desequilibrio me agarra más difícil es todo, se llena de fractales y se potencia cada vez más, estoy dentro de un holograma cuántico de información donde mis miedos se materializan, estoy dentro de un juego de computadora; pero que nunca me enseñaron a usar el *"joystick"* que es mi mente y mis emociones, son ellos lo que hacen que la realidad cambie, muy difícil de compatibilizar en primera instancia, pero fundamental hacerlo en algún momento.

Y yo ahí adentro y afuera, soy todo sin saberlo y sin poder escapar para volver al sueño/ilusión de la "vida humana", donde todo está un poco más bajo control y hay estadios de confort en donde hacer pie un tiempo.

Un tiempo antes de conocer a Claudia venía de una internación psiquiátrica y un bombardeo de medicación, entiendo que no me comprendían y no tuvieran otro recurso.

Pasó el tiempo, mucho tiempo, más psiquiatras, más psicólogos. Sigo viendo que nadie me entiende; pero ya no me desespera, finjo y hago malabares con mi "locura", para no parecer loco, estoy entre una realidad humana y una cósmica, entre un cielo y un infierno sin saber qué hacer con todo eso.

Salgo de allí y me voy de viaje, conozco personas que empiezan a aceptarme, indago, investigo, exploro en todas las profundidades de mi interior, y me recupero bastante.

Luego de un tiempo, se me vuelve a abrir todo, vuelvo a caer, a confundirme, todo se me vuelve cuántico; pero con esa oscuridad que me domina, pasa un tiempo más, estoy un poco más en calma.

Conozco a Claudia, comprendió lo que necesitaba y junto a su equipo empezamos a trabajar por un largo, largo tiempo.

Su objetivo era conectarme nuevamente con la realidad "humana", tirar fuerte raíces, para luego volver a abrir lo cósmico desde un lugar más firme. La mejor estrategia posible para mí en ese momento.

Ahora yo tenía que convencer a todas mis partes internas de empezar a bajar a la tierra.

Nos adentrábamos dos veces por semana en la profundidad de mi ser, de mi mente, trabajando con cada perspectiva y viendo quien conducía cada energía y que forma le daba, para ir sanando, trascendiendo, en mi idioma digo "ecualizando".

También iba complementando con otras personas y herramientas, ya que mi sistema y camino es bastante complejo. Pero Claudia y su equipo fueron el eje fundamental en el momento justo, gracias a él tenía la posibilidad de contactar con una fuente de información que me entendía y me podía guiar en mi "idioma".

Ella más allá de su experiencia me daba la seguridad y el amor que una persona necesita para trascenderse a sí mismo, sin amor no hay salida posible.

Hoy estoy acá más firme, claro y enraizado, el camino sigue, la sanación y la ecualización sigue, muchas pruebas se presentan porque lo cósmico existe y hay que integrarlo.

Hoy lo puedo contar desde el entendimiento, seguridad y la coherencia de que tengo raíces y estoy haciendo pie en este espacio/tiempo, al que acá llamamos planeta Tierra.

F.B. Llegó a mí con la misma magia de la sincronicidad. Convencida de que en la vida todo lo que está destinado a cruzarse lo hace por designio divino. Este era el caso de F.B.

Tenía latente esta sensación de infinito y expansión desde que tuvo uso de razón, algo que lamentablemente no sabían explicarle en su entorno, la capacidad de su hemisferio derecho estaba despierta, viva. No obstante, al no tener guía, al carecer de información y no saber de qué se trataba, lo reprimía para ajustarse a las reglas sociales donde prima el hemisferio izquierdo, o sea, el orden, las leyes, las reglas, el análisis, lo fáctico, la ciencia. Donde las emociones que pertenecen al hemisferio derecho no son bien recibidas, llorar molesta a los otros y muestra debilidad, enojarse es sinónimo de que no te van a querer porque no está permitido, los miedos son explicados y racionalizados.

De allí la incomodidad que sentía, lo difícil que le resultaba ser fiel a su alma, a su sentir, eso no podía ser en este mundo incomprensible de formas y estereotipos.

Los años fueron obligándolo a alojarse en su hemisferio izquierdo, intentando encajar en los parámetros sociales, seguir las formas, darles curso a sus actividades laborales, pero sus emociones, su percepción, su intuición, rezumaban una y otra vez por las grietas de los muros que intentaba construir. Eran demasiado grandes como para ser contenidas, su alma era demasiado poderosa como para callar.

Cuando decidió librarse de las barreras represivas de la razón, con su incursión en lo esotérico, su ser interno lo sumergió en un mundo absolutamente expandido, sin forma, ni tiempo ni lógica.

Encontrar la vía de acceso al hemisferio derecho es habilitar la puerta de entrada a la sabiduría de todos los archivos de la humanidad. Es la apertura del canal de recepción de inventos y conocimientos superiores sin la impronta del *ego* o del cerebro, acotado por ideas y teorías limitadas. Como he mencionado, todos los grandes inventores y genios de la humanidad tuvieron y tienen un desarrollo innato de este hemisferio, un cierto grado de "locura" que los distingue de los humanos más corrientes. Ahora tenemos la posibilidad de desarrollarlo y para hacerlo debemos practicar la meditación, el adormecimiento del hemisferio izquierdo, o sea, de la razón que nos instala en un determinado tiempo y espacio para despegar del cuerpo físico, traspasando los umbrales de división de hemisferios.

Luego de lograrlo empezamos a tener la posibilidad de navegar el hemisferio derecho liberándonos de las emociones que traban y ensucian dicho canal.

Y aquí se encontraba la gran traba de F.B., lo que había padecido toda su vida, la represión de sus emociones, de su percepción profunda de las cosas, de la soledad y falta de entendimiento de otros para ayudarlo o guiarlo a entender su esencia y respetar su ser.

A lo largo de mi camino fui descubriendo las habilidades superiores de nuestra mente, casi sin querer. La formación académica en psicología tradicional y psicoanálisis no eran suficientes para los resultados que quería obtener de sanación.

Cuando llegó F.B. atemorizado y aterrado, con una necesidad desesperante de que alguien comprendiera lo que le sucedía, sentí una honda seguridad, algo interno me aseguraba que podía ayudarlo. Esa es la intuición de la que hablo, la que nunca dejo de oír, es la que me guía con seguridad por dónde debo ir.

No podía ver su mundo tal cual él lo hacía, lo guiaba a ciegas. No podía sentir la dimensión del terror que habitaba por momentos, pero podía acompañarlo a explorar sus túneles y las distintas dimensiones por dónde vagaba su mente con la seguridad de entender por dónde me llevaba.

Lo acompañaba a habitar su confusión porque ahí yacía el secreto que lo hacía perderse, el terror que lo paralizaba y las voces, porque se transformaban en directrices que lo hacían alejarse de sí mismo, perder el control de la razón.

Sí podía lograr que dimensionara el terror, lo mirara cara a cara, sintiera en su cuerpo toda su magnitud, de a poco lo iría diluyendo, dominando y una vez disuelto ya no estaría tan débil, vulnerable, sino fortalecido para desandar el camino que lo había llevado hasta allí, que lo había hecho perderse, y cerrar esas compuertas para volver a una zona segura, cómoda y de calma interior.

Le devolvería la capacidad de autovalerse hasta en la dimensión más insólita y desconocida en la que pudiera vagar.

En el testimonio de F.B. es importante destacar todo el tiempo la metáfora, el simbolismo de los hechos en sí, para poder entender cómo las emociones, muy intensificadas, lo hacían perderse entre la armonía, la densidad y el temor.

Recordemos que el hemisferio derecho es infinito, por eso la conexión con el todo, la posibilidad de percibirlo inmenso e interconectado.

Allí, los acontecimientos no se suceden por las reglas de la lógica convencional, solo ocurren, fuera de la línea del tiempo y sin espacialidad alguna.

La confusión lo llevaba a diferentes estados de ánimo mientras recibía información fidedigna de personas conocidas en la realidad tangible y de otros planos, todo a la vez.

Existe la conformación energética, invisible para la mayor parte de nuestros ojos físicos y la materia. Eso era lo que F.B. podía experimentar con facilidad, en ese estado alterado de conciencia podía percibir ambos puntos de observación.

Lo que vemos no es lo que es.

Su testimonio tiene una riqueza diferente porque personas como él terminan sus vidas en psiquiátricos al no encontrar un profesional que los entienda y guíe.

Sigo poniendo énfasis en que no hace falta comprender para avalar, simplemente abrir nuestro corazón para empatizar, vibrar y resonar con nuestros pares —cada uno en su realidad tangible o virtual, cualquiera que sea— y respetar esa forma individual de expresarnos. De esa manera los profesionales de la salud mental podremos asistir y acompañar a todas estas personas con capacidades mentales diferentes, devolviéndoles la posibilidad de encontrar su lugar en esta sociedad, enriqueciéndonos con sus capacidades de traducir lo sutil de un modo único, ampliando de ese modo la nuestra, y en este maravilloso intercambio devolverles su **poder personal**.

Archivos ocultos de vidas pasadas

Cuando dejé la psicología durante casi una década fue porque sentía que tal como se planteaba no me hacía sentir plena, no era lo que yo vibraba y resonaba como terapeuta. Entonces decidí dejar el título guardado en un cajón y dedicarme a otras actividades.

Lo que nunca quedó guardado allí fue mi curiosidad, esa que siempre me invitó a explorar más y más sobre cualquier tema que me interesara, y la mente era "el tema" para mí.

Nada en la vida me generó mayor fascinación, no tanto desde la mirada biológica, física o neurológica, sino desde el aspecto infinito que tiene el inconsciente colectivo, la consciencia expandida, la conexión telepática, la premonición, la clarividencia, el encuentro con seres energéticos, es decir, la parte intangible pero infinita que conlleva. La parte magnífica, inconmensurable, que tiene la capacidad de conectar con el todo, el universo mismo.

Por esta razón nunca dejé de investigar, hacer cursos de perfeccionamiento, estudiar incansablemente para ver si podía saciar esa voz interna que me invitaba a seguir adelante, a seguir moviéndome para encontrar lo que tanto ansiaba.

Y así llegó a mí lo que tanto esperaba por obra de la sincronicidad.

Se le llama sincronicidad al momento que une dos puntos en un hecho "numinoso", que significa que algo divino hace que dos seres se encuentren en un momento exacto, o en mi caso que me encuentre con un libro que cambiaría mi camino para siempre.

Ese libro hablaba de vidas pasadas, la encarnación y la sanación de pacientes utilizando la hipnosis, algo que le había sucedido a un médico psiquiatra de manera involuntaria y que le cambió la vida y su modo de abordaje.

Y así me sucedió. Mientras lo leía, una voz en mi interior gritaba: "lo encontré, al fin encontré lo que buscaba". Esta actividad tiene en cuenta **el alma**, algo que la psicología tradicional descarta por completo y que para mí es donde se alberga y archiva toda la sabiduría de lo aprendido en otras existencias.

Cada vida que transita nuestra alma lo hace con diferentes naves experimentales llamadas "cuerpo", que sirven para vivir en un contexto y situación que nos llevará por el camino de aprendizaje, llamado "vida", a convivir con otros y transitar obstáculos una y otra vez hasta superarlos sin que nos afecten más, entendiendo qué sensaciones nos provocan, qué emociones nos disparan y cuánto activan nuestras heridas.

Casi siempre este camino es a través del sufrimiento, el dolor, la soledad, el abandono y miedo. Tras muchos años de vida entendemos que esas situaciones ocurrieron para ejercitar un potencial que llevábamos oculto, recursos que necesitábamos ejercitar para llevarlos a la luz y fortalecerlos como quien ejercita un músculo del cuerpo para tonificarlo.

El fin último de la vida es ejercitar el cardíaco, el músculo del corazón. E nuestro objetivo a ser alcanzado para acrecentar **la capacidad de amar.**

Amar es la bandera de llegada de esta carrera, actuar desde el corazón es el logro en esta experiencia de encarnación.

Para ello, además de trabajar el cuerpo emocional, como lo mencioné, es muy útil desempolvar los archivos ocultos del inconsciente, aquellas experiencias y aprendizajes que transitaron otros envases nuestros, que aprendieron diferentes lecciones, fortalecieron o sucumbieron a diferentes estímulos.

Tener la riqueza de recordarlos y llevarlos al consciente es una oportunidad para no transitarlos nuevamente, y aliviar esta vida haciéndonos de ese recuerdo.

Para ello tenemos que franquear las barreras represivas que nos separan de esa información, de esa biblioteca ancestral llena de información pasada, presente y futura.

La herramienta para hacerlo es la hipnosis. El terapeuta te guía a alejarte de la realidad consciente y comenzar a viajar hacia las profundidades de la mente —del inconsciente— en donde guardas los registros de vidas pasadas y la información de toda la sabiduría del universo, el *akash*.

Esa fuente inagotable de sabiduría es la que permite que dos escritores escriban lo mismo en dos continentes distintos sin tener conocimiento el uno del otro o descubrir un mismo invento en dos lugares del mundo a la vez, y otras coincidencias que no son tales, sino momentos donde la humanidad está pronta a recibir una información que le indique una nueva señal para seguir en el camino de su evolución.

La humanidad es a la Tierra como el individuo a su propia vida.

Ambos tienen una ruta a seguir, un destino. Este es igual a un camino de crecimiento indicado por diferentes señales que aparecen durante la ruta para mostrarnos dónde está la curva o el puente, dónde aminorar la marcha o acelerar.

El punto fundamental es que no atendemos a las señales, el aviso de curva y de aminorar la marcha son iguales a las manifestaciones de nuestro cuerpo cuando marca cansancio, se rebela a asistir a una reunión, está agobiado, desconcentrado, o siente ansiedad o miedo.

Nuestra razón y actitud productiva nos lleva a desoír el cuerpo y la emoción, y continuamos la marcha desenfrenada de nuestra cabeza que nos obliga a ir por más, a producir siempre más, a trabajar sin parar y a generar recursos económicos sin pausa, pero con prisa.

El desajuste de este equilibrio es lo que provoca el agotamiento del sistema corporal, el desgaste y mal funcionamiento.

Por eso, en esta complejidad de sistema integral que somos cuanto más información tengamos de cómo estamos concebidos mejor viviremos.

La Psicoemoción toma esta herramienta muy útil que es el recuerdo de vidas pasadas.

Mi encuentro con esta metodología maravillosa, al principio, puso en juego toda la desconfianza, del derecho y del revés, la analicé desde todos los puntos racionales posibles hasta que los hechos y los resultados hablaron por sí mismos.

Años después puedo comprobar que en mis pacientes la remisión de síntomas fue absoluta. Algo que no hubiera podido ocurrir si solo hubiera sido imaginación o una orden arbitraria de mi parte para que desaparezcan dichos síntomas.

He trabajado con un licenciado en administración y contabilidad, muy racional, que no creía que las historias vívidas que experimentaba eran vidas pasadas, aunque yo sí lo sabía y, sin embargo, la remisión de sus síntomas y la mejoría fue absolutamente comprobable y manifiesta.

Para ahondar más en el tema, te invito a escuchar esta entrevista que me realizaron en televisión para hablar sobre vidas pasadas. Coloca tu teléfono celular sobre la siguiente imagen QR.

Una vez que la hayas escuchado, te invito a que compartamos una serie de sesiones de vidas pasadas que tuve con un paciente a quien llamaré D.D.

Llegó a consulta con una dolencia en su rodilla que persistía a pesar de la operación que le habían practicado. Durante la sesión me comentó que tenía fecha para otra intervención, lo abrirían para ver si encontraban algo ya que las imágenes de diferentes estudios no mostraban nada, no comprendían porqué persistía el dolor y no encontraban el posible disparador.

Le propuse trabajar juntos de tres meses, si en ese lapso su rodilla no mejoraba, entonces, se pondría en manos del cirujano nuevamente.

D.D. Transcripción literal.

Comenzamos a trabajar el 9 de abril de 2007.

Hoy es nuestro primer encuentro, le comenté a Claudia por qué y cómo había llegado a consultarla. Fui involuntariamente breve, me costaba mucho referirme a lo que me estaba pasando y al hacerlo tenía que lidiar con las lágrimas, decididas a salir. Eso hizo que me sintiera un poco incómodo. Ella por su parte, me contó su metodología de trabajo. Me gustó.

Sin más, nos pusimos manos a la obra. Trabajamos, principalmente, sobre mi tristeza —que estaba a flor de piel. Recomponerme anímicamente era el objetivo.

Ella me guio hasta un estado de relajación. Luego de la meditación. En ese estado, a través de imágenes que me hacía imaginar, le devolvimos toda la vitalidad —energía, fuerza motora— a mi corazón. Al principio de la experiencia, veía y sentía a mi corazón muy chico e inmóvil, de un color marfil. Luego guiado por Claudia, mi corazón comenzó a latir con más y más fuerza. Y fue así que creció. Irradiaba ahora una luz brillante, cálida, dorada, como si fuese el Sol. Luz que me llenaba y recorría íntegramente de pies a cabeza. Energía que no solo habitaba mi interior, sino también el espacio exterior. Al despertar me sentí aliviado.

Observación: las molestias de mi rodilla no me incomodaron en ningún momento durante la relajación, es más, todo sucedió ¡cómo si no existieran!

Mi reflexión fue que podemos relacionarnos con la tristeza de muy diversas maneras. Lo interesante es lograr sobreponernos al dolor que suele acompañarla y animarnos a explorar los universos que nos abre y propone. La tristeza puede devenir, digamos una ventana a través de la cual mirarnos. Lo interesante radica en que nos permite observarnos desde un lugar que no es el habitual —al menos, no es mi caso.

Por lo tanto, nos da la posibilidad de redescubrirnos de una manera novedosa, mirar aspectos en los que pocas veces reparamos. O, mejor dicho, mirar viejos y reconocidos aspectos; pero desde un punto de vista diferente. Así la tristeza puede resultar —no sin intención y acción, claro— una buena oportunidad para completar la propia percepción de nosotros mismos.

¿Qué me va a dejar hoy mi tristeza? ¿Con qué me conecta? ¿La tristeza hoy me pone en relación con la sensibilidad? Sí. Lo hace y esto me permite reconocerme y pensarme como un ser que siente, soy un hombre sensible. ¡Vaya que lo soy! O sea, me recuerda qué hay en mí, lugar para las más variadas emociones. ¡Y eso es maravilloso! Quiero decir, así como puedo entristecerme, tal como ocurre hoy, puedo también alegrarme. Y que es lo mejor ¡puedo sentir amor! Gran fuerza de vida. Así que tengo que procurar, hoy aprender, a darle lugar a otras sensaciones. No quedar enganchado a la tristeza depende fundamentalmente de mí. Se trata de avanzar, dejarla atrás; pero no sin antes aprender que tiene por objeto enseñarme esta situación en particular. En otras palabras, lograr que el sufrimiento que estoy sintiendo hoy, no sea en vano.

Como se puede ver claramente, D.D tiene una capacidad de análisis y reconocimiento de sus procesos muy interesante. Y así también de relatarlo, por eso elegí su testimonio para que acercarte una experiencia terapéutica desde la Psicoemoción, describiendo cómo es la modalidad, a dónde los acompaño a reflexionar y la riqueza infinita que tiene el abordaje desde esta técnica.

D.D. es un joven muy sensible, que le cuesta encajar en este mundo material, Su mundo interno es muy rico y su sensibilidad lo trajo a consulta en un estado de honda tristeza. Por eso, antes de avanzar en algún otro tema, tenía que aliviarlo de ese sentimiento que lo tenía muy decaído, casi sin energía vital.

Al volver a la siguiente sesión ya tenía otra impronta, no se veían vestigios del dolor y el enorme peso emocional que había traído la primera vez. Ya podíamos avanzar hacia el próximo punto a trabajar.

Viernes 13 de abril.

Hoy experimenté el reparador hecho de despojarme de mi "pesada mochila". Deseché todas aquellas cosas que hasta hoy me afligían, me oprimían el alma y me dificultaban el caminar los senderos de mi vida. Así, me deshice de la tristeza, el egoísmo, el rencor, la falta de autoconfianza y reacción, el orgullo, la sensación de sentirme no valorado y por eso rechazado, los rencores, temores e indecisión.

Todo ocurrió de esta manera: en estado de meditación, me dirigí a las cercanías de un lago. El lugar, encantador, me recordaba a algún paraje del sur argentino. Me detuve en un acantilado junto a un hermoso y tranquilo lago. Allí abrí mi mochila y comencé a tirar, una por una las piedras que contenía, luego de identificar qué palabra llevaban escritas y reconocer cada una de las emociones que aparecían en mi cuerpo con cada palabra leída.

Algunas requirieron de gran esfuerzo, me costó mucho deshacerme de esas pesadas piedras. Una vez que terminé de vaciar la mochila me tiré desde lo alto y me zambullí en el lago. Experimenté una agradable sensación de libertad y alegría. Nadaba plácidamente en el lago mientras no podía parar de sonreír. ¡Estaba tan emocionado! Lloraba de contento. Me alegró notar que estaba solo. Una mujer joven y de pelo rubio, que no reconocí, estaba haciendo lo mismo que yo. No nos dijimos nada, solo nos miramos, cada uno debía continuar con lo suyo, sin interferencias. En ese momento me sumergí. Bajo el agua podía ver y respirar sin dificultad. Volví a experimentar la maravillosa sensación de libertad. Poco a poco fui aproximándome al fondo. Desde allí, podía observar como caían las piedras que había arrojado minutos antes. Me sorprendió ver que las piedras al tocar el fondo se transformaban en peces ¡qué me guiñaban un ojo! Gesto que interpretaba como —¿Viste? Podías. ¡Vos podés! —Lloraba de alegría. Esos mismos peces me condujeron a la superficie. Salí del lago y me recosté en la orilla. Los peces también salieron y al salir se convirtieron en flores, flores anaranjadas con detalles en amarillo. Enseguida esas flores volvieron a transformarse en mariposas que revoloteaban y jugaban a mi alrededor. Luego en pájaros. Yo seguía siendo un hombre, pero ahora podía volar. Desde allí veía cumbres nevadas de la

Cordillera de los Andes. El vuelo sentaba bien, sentía una gran tranquilidad. Estaba maravillado por la experiencia. ¡Veía la Tierra! Nos alejábamos cada vez más, avanzando muy rápido hasta que llegamos a un sitio muy luminoso. Lleno de una luz muy brillante, blanca con destellos dorados. Sentí una gran paz, cuando desperté me sentía de maravillas.

A lo largo del fin de semana pensé acerca de lo que había experimentado y noté que me había olvidado de deshacerme de algunas piedras. Y por eso, como Claudia me había indicado revisar, volví a realizar el ejercicio en mi casa hasta deshacerme de todas ellas. Desde entonces, anduve anímicamente mejor.

Lo guie en meditación a un lugar de la naturaleza de aguas tranquilas, cercano a un acantilado muy profundo. Luego hice que sintiera la sensación de la mochila sobre su espalda para que tomara consciencia del peso que llevaba en su vida hasta ese instante y todo lo que eso le provocaba en el cuerpo. Luego de unos minutos donde la persona se conecta con ese peso de vida, emocional y físico, le hago abrir la mochila y reconocer una a una las piedras que contiene. Cada una lleva un nombre o una palabra escrita. Por unos instantes le hago revivir la escena con la persona que aparece escrita, poniéndola en frente y percibir el impacto que le provoca. Si es una palabra, le hago identificar las emociones que se ponen en juego en relación con ese concepto. Una vez que toma conciencia de una u otra experiencia y siente lo que le provoca física y emocionalmente le indico que la arroje con todas sus fuerzas por el acantilado.

Así repetimos una y otra vez hasta que se deshace de todas sus piedras. Por último, saca una a una las manijas de la mochila de sus hombros y también la arroja con todas sus fuerzas por el acantilado decretando que nunca más la llevará sobre sus espaldas.

En el instante que esto está ocurriendo hago que sienta la liviandad, respirando muy hondo, sintiendo la capacidad enorme de aire que tiene ahora, la persona se queda un rato sintiendo este alivio nuevo y la expandida sensación de libertad.

Utilizo objetos que simbolizan situaciones de la vida real, esto me sirve para que la persona se deje llevar por el lenguaje metafórico que utiliza el hemisferio derecho y le habilite el recuerdo de la sabiduría que lleva intrínseca. Al estar en este estado de relajación surge dicho saber sin obstáculos.

El lago calmo es la profundidad que nos permite sumergirnos en nosotros mismos, fluyendo y descubriendo a través de simbolismos las respuestas y claves de nuestra existencia.

La piedras simbolizan el peso de una mochila que nos ponemos encima y cargarnos inconscientemente durante años.

En este caso la transmutación de piedras en peces y de peces en mariposas y luego en pájaros nos regala la lección, a través de un lenguaje metafórico, de que si se les quita dramatismo a las situaciones y simplemente observamos qué está sucediendo y en qué dinámica nos encontramos inmersos, todo cambia frente a nuestros ojos. La trasmutación que hace de peso a movimiento y luego a sutileza, es magnífico.

Lo que parecía un problema y le generaba tanto dolor y tristeza al cargarlo, se vuelve una lección de vida que le manifiesta una experiencia. Al hacer que la emoción sea reconocida puede soltarla, aliviarse, y de esa forma la mente siente que deja el pasado para siempre. Devolviéndole la posibilidad de sentirse más liviano, libre y pleno. Abrazando el entendimiento del "para qué" de las cosas que nos suceden.

Cuando D.D. describe las emociones de las cuales se deshace, no es que las libera en su totalidad, sino en lo que esta experiencia le permite, que es muchísimo. Sin embargo, algunas emociones se ponen en juego en otras escenas de otros hechos traumáticos y las volvemos a vivenciar. Entonces copiamos este proceso de reconocimiento, identificación física y emocional de cada una de estas, para seguir desactivando el mismo contenedor. Recuerda que, según la gran herida o los aprendizajes de cada uno, la soledad, el miedo, el dolor, desamparo y otras tantas emociones se repiten porque son muy intensas como para deshacernos de todas en una o dos meditaciones.

Ten en cuenta que le indiqué a D.D. repetir el ejercicio en su hogar hasta asegurarse que la mochila no volvería a sus hombros y no quedara ninguna piedra dentro.

Martes 19 de abril.

En la sesión de hoy nos dedicamos a mi rodilla izquierda, cuyas molestias siguen importunándome. Claudia me explica que el objetivo de hoy consiste en descubrir sus raíces y dilucidar con qué aspectos de mi vida se relaciona, de qué me está hablando ese dolor, que me quiere decir, qué asuntos necesita que atienda, ya sea en conexión con esta vida o explorar vidas anteriores mediante la regresión.

Comienza a guiarme como de costumbre hasta un estado de relajación, luego de meditación. Una vez allí, me pide que me dirija hacia atrás en el tiempo, hasta el momento en que se produjo el hecho que desencadenó las actuales dolencias de mi rodilla izquierda.

Y ahí estoy yo, en la obra, subido a la escalera de madera, haciendo mi trabajo. De repente, el escalón sobre el cual me encuentro parado se rompe y caigo.

Claudia me pide que reviva aquel momento en detalle y sintiendo toda la intensidad en el cuerpo.

Siento la caída y el impacto de mi cuerpo contra el suelo. Siento como se me tuerce la rodilla y revivo un intenso dolor. Grito.

En ese momento me pregunta con qué está relacionada la caída y el dolor consiguiente. Le contesto que se relacionan con la falta de confianza y autovaloración de mi persona.

Ella me sigue guiando, estando yo aún muy dolorido, hasta un tubo o túnel. Allí estoy, la sigo atentamente, dentro de ese túnel formado por nubes de color blanco azulado. Sus paredes me envuelven. Claudia me pide que me dirija hasta el momento en el cual se originaron los sentimientos vinculados con la caída y el consiguiente dolor. Ahora me anima a viajar por el túnel. Sigo su consigna. Lo hago y voy cada vez más rápido hasta que me veo expulsado con fuerza del túnel.

Claudia —¿Dónde estás?

D.D. —Veo arena y palmeras. Empiezo a sentir mucho calor. Estoy en la playa.

No es una playa. Hay mucha arena, pero no hay mar ni río cerca. Estoy en una pequeña aldea, en el desierto, no puedo precisar dónde exactamente. Siento un calor sofocante, estoy empapado de transpiración, siento las gotas rodar por mis sienes. Soy menudo adolescente, tengo 14 o 16 años, pelo corto y rubio. Visto ropas de legionario, parezco un soldado. Soy muy joven pero aun así soy soldado.

Avanzo en el tiempo. Me despiertan a golpes. No entiendo lo que hacen. Me pegan con fuerza. Ni siquiera me dan la oportunidad de defenderme, son varios, me pegan sin respiro. Siento el dolor en el cuerpo. Me toman del cuello, me insultan y siguen pegándome.

Claudia —¿Qué ves?

D.D. —Me están golpeando.

Claudia —¿Quiénes te golpean?

D.D. —Mis compañeros.

Lloro de dolor. Quienes me pegan son también legionarios, son mayores en edad y rango. Son muy rudos conmigo.

Claudia —¿Por qué te pegan?

D.D. —Porque me quedé dormido.

Me siento sin fuerzas y muy afligido, todavía no comprendo el porqué de tanta violencia, solo soy un chico que se quedó dormido, pienso.

Claudia —¿Hubo alguna consecuencia?

D.D. —¡Sí, soy el centinela de la aldea! ¡Me quedé dormido!... ¡Les fallé!

Dada mi edad me habían confiado una tarea sencilla, vigilar la aldea, estar atento a los movimientos extraños. Al quedarme dormido no advertí cuando el enemigo llegó para arrasar el lugar. Ahora nuestro alrededor está devastado.

Claudia —¿Qué está sucediendo ahora?

D.D. —Me siguen golpeando.

Siguen insultándome y pegándome. Me aprietan cada vez más el cuello. Me cuesta respirar.

Claudia —¿Qué emociones sientes?

D.D. —Dolor, mucho dolor. Me quiero morir. ¡Les fallé, les fallé!

Claudia hace que sienta cada una de las emociones que me recorren, luego las sienta en el cuerpo para dimensionar su magnitud, me deja allí hasta que se van disipando. Cuando me voy calmando Claudia pregunta que coincidencia tiene con esta vida, me dice que respire y me vaya elevando. Le respondo y luego, me conduce a salir de esa vida...

Estoy en un lugar tranquilizador, cubierto de luz blanquecina. Pero rápidamente salgo de ahí...

Ahora me encuentro en un lugar en penumbras, tenebroso. Parece parte de un antiguo castillo. Es la Edad Media. La luz que irradia un fogón me permite ver los grandes y pesados ladrillos de piedra que forman la pared, que es curva. Dibuja un círculo y se eleva formando en lo alto una cúpula. Veo a un hombre vestido como un monje. No está solo, sino acompañado por otros que visten igual, sotanas de una tela marrón y áspera. Llevan un cordón anudado a la cintura. Sus cabezas están cubiertas por capuchas. También estoy yo, pero no soy como ellos. Me tienen agarrado. Forcejeo con ellos. Me quiero escapar, pero no puedo. ¡Me están torturando! Me queman con un hierro candente, como el que usan para marcar animales. Me retuerzo del dolor. Aprieto los puños y grito. Estoy muy tenso.

Claudia —¿Dónde estás? ¿Qué ves?

D.D. —Estoy en un castillo, en la Edad Media.

Le cuento lo del fuego. Luego le digo que quiero escaparme, pero no puedo, me tienen agarrado.

Claudia —¿Quiénes?

D.D. —Unos monjes.

Claudia —¿Qué hacen?

D.D. —Me están torturando.

Claudia —Míralos bien. A la cara. ¿Reconoces alguno de ellos?

D.D. —No. Tienen la cabeza cubierta con una capucha.

Sus rostros están tapados por las sombras que dibujan sus capuchas. No puedo reconocerlos. Me torturan. Me queman con el hierro que está al rojo vivo. Entre quienes me torturan se destaca uno, su figura es imponente, es quien da las órdenes, quien dirige la sesión de tortura. No puedo reconocerlo. (Lo reconocería en otra sesión: mi padre en la actualidad).

Claudia —¿Por qué te torturan?

D.D. —Quieren que confiese algo.

Claudia —¿Qué quieren que confieses?

D.D. —Es que soy brujo.

Claudia —¿Lo eres?

D.D. —Sí.

Claudia —¿Qué haces con la brujería?

D.D. —Curo.

Siguen torturándome. Estoy muy tenso. Cada vez más. Siento como se me hinchan las venas por la fuerza que hago.

Claudia —¿Qué sientes frente a todos ellos?

D.D. —Que no me van a doblegar.

Claudia —¿Te aplican la tortura en alguna zona en particular?

D.D. —En las piernas, me queman las piernas.

Claudia —¿De alguna de esas zonas padeces en esta vida?

D.D. —Sí. Mi rodilla.

Me queman. Se ensañan con la piernas, mis rodillas. Grito, pero no digo lo que ellos quieren escuchar. Por eso insisten una y otra vez.

Me desvanezco.

Avanzo en el tiempo. No confesé, pero esperan que lo haga en algún momento. Ahora estoy en una celda. Los pisos, las paredes y el techo están íntegramente hechos de piedras del tamaño de un adoquín, todas muy regulares y parejas. El techo es bajo. Hay apenas un mortecino reflejo de luz. Todo es de un tono gris. Hace mucho frío. Me tiembla todo el cuerpo. Estoy tumbado en el piso, desnudo. Después de un rato dejo de temblar, me quedo inmóvil. Tengo el cuerpo cubierto de llagas.

Claudia —¿Dónde estás ahora?

D.D. —En una celda, hace frío. Siento mucho dolor.

Claudia —¿Qué ves allí?

D.D. —Estoy lleno de llagas. La rodilla izquierda está prácticamente en carne viva, está destrozada. Siento mucho dolor como si la rodilla quemara.

Hay gusanos por todas partes, también en mis heridas.

Claudia —¿El dolor que sientes en esa celda es parecido al que tienes en la actualidad?

D.D. —No tanto. Este dolor (refiriéndome a la vida pasada) es mucho más intenso, pero sí, ambos se localizan en la misma parte del cuerpo, mi rodilla izquierda. Siento como si tuviera fuego, me quema.

Pasan unos minutos…

D.D. —Ya no siento dolor, estoy como inconsciente.

Parezco muerto. Pasan unos minutos. Ni siquiera siento el momento en que sobreviene mi muerte, solo me doy cuenta porque estoy sobre volando mi cuerpo y veo como se lo llevan, rígido, con los brazos extendidos, como formando una cruz, veo como lo arrastran. No siento odio ni rencor por esos hombres.

Me elevo hasta llegar a un lugar apacible. Siento como cada parte de mi cuerpo se distiende, se relaja. Logro reponerme. Estoy calmo. En paz.

Claudia —¿Qué enseñanza te dejó esa vida?

D.D. —Saber perdonar y confiar en mí.

Debía aprender a perdonar y a confiar en mí mismo, en mis decisiones y en mis actos en vez de considerar únicamente el juicio de otros. En esa vida había logrado ambas cosas, perdonado a quienes me torturaron y confiado a pesar de los juicios ajenos y las torturas, en que había obrado correctamente. Eso me había llenado de paz.

Claudia —¿Y esa enseñanza te sirve para la vida actual? ¿Tuviste o tienes que perdonar a alguien?

D.D. —Sí.

Ella me pregunta en qué se vinculan las vidas recordadas, cuál es el hilo conector. Le contesto que se relacionan con el sufrimiento. Permanezco días enteros en la misma posición.

No recuerdo haber comido ni tomado nada en todos esos días. Nadie viene a verme, me han abandonado.

Se acerca una muchacha, quiere ayudarme, me deja una pequeña vasija con comida. Lo hace con ligereza, está asustada. La reconozco inmediatamente. ¡Es mi hermana en la vida actual! No puedo comer lo que me dejó, no puedo moverme, no tengo fuerzas. Es como el dolor sentido en las vidas recordadas donde sufría por algo que yo había hecho. Además, aparecían cuestiones de perdón y de autoconfianza. En la última vida referida, había logrado superar las dificultades crecidas en torno a mi confianza y la falta de perdón surgidas en mi vida como adolescente legionario.

En ese momento Claudia lentamente me saca del estado de hipnosis. Despierto y digo —¡Estoy impactado! Sintiendo gran parte de mi cuerpo tenso, pero una inmensa sensación de alivio a la vez.

La experiencia de vidas pasadas, como vemos en este testimonio, no solo permite recordar lo aprendido, que muchas veces se diluye al encarnar, en este caso el perdón se pone a prueba nuevamente y con D.D. repitiéndose con el mismo personaje, el padre, porque tuvo que recordar el perdón aprendido y activarlo nuevamente en esta vida, teniendo que dirigirlo hacia él, con quien no tenía una buena relación, dándole una mirada más atenta en la manera de percibir y juzgar sus actos.

Además, la experiencia nos llevó justo a una de las causas de los orígenes del síntoma en esta vida, su rodilla izquierda dolorida, que a pesar de la operación no había remitido la molestia ni el dolor.

Quiere decir que, cada vez que en esta vida perdiera confianza en sí mismo o decreciera su autoestima o fuera presa del juicio de otro —lo que había experimentado y vivido en otras vidas— sus síntomas se activarían, concentrándose en sus piernas nuevamente, más que nada en su rodilla, hasta doblegarlo o hacerle perder sustento o equilibrio como en el caso del accidente.

No es casualidad que el escalón de la escalera de madera se haya roto. En los accidentes no hay casualidades, hay consecuencias de nuestros actos que se desvían del camino central. El accidente es un recurso que se activa para obligarnos a tomar conciencia y encauzarnos.

Lamentablemente no todas las personas concientizan los accidentes, muchas siguen desviadas hasta encontrarse con otra alerta aún más fuerte que los obligue a volver nuevamente al camino. A más desvío más fuerte será el golpe contra el cual chocamos para invitarnos a volver.

En este caso, D.D. llegó muy desvalido, con poca confianza en sí mismo, con una mala y vaga relación con su padre, todo esto en conjunto lo llevó a repetir el síntoma sufrido en otra vida para recordarlo y despertar.

Una vez que toda esta información se hace consciente, la persona cambia radicalmente la manera de plantarse frente a la vida, recupera su equilibrio, fortalece su autoestima, perdona, deja ir lo que no es importante, calma el cúmulo de enojo o resentimiento hacia la persona que le impone el límite o la opresión, en este caso su propio padre, y se libera de la emoción y del síntoma de la rodilla por el cual me había consultado. A la siguiente sesión el dolor había desaparecido, pero igualmente tuve que seguir recorriendo y haciéndolo regresionar para estar segura de que no quedaba nada oculto para ser revelado.

Tuve que recorrer durante algunas sesiones más, haciendo la misma pregunta sobre el origen de su dolor actual para desactivarlo por completo y para siempre.

Muchas veces, son varias vidas donde un síntoma tan notorio se pone en juego, y hace falta determinar e identificar la conexión de las emociones que quedaron conectadas a dichas vivencias.

Parece complejo, pero una vez que lo entendemos es un juego de entretejido perfecto, entendible y fácil de descifrar para mejorar la calidad de vida actual, liberarnos de dolencias y síntomas físicos, enfermedades graves y mejorar notablemente vínculos disfuncionales, ya que encontramos información clave para entender cosas que eran incomprensibles desde los hechos de la vida actual.

En este caso, el ejemplo fue no lograr entenderse con alguien cercano, su padre, con quien en esta vida no había sucedido situaciones tan graves, sin embargo, no encontraba el modo de lograr una relación fluida entre ellos.

Otro ejemplo podría ser por qué nos enamoramos y nos sentimos atraídos por personas que nos hacen sufrir constantemente y no podemos alejarnos, pasamos años sufriendo a pesar de que nuestra razón nos pide alejarnos, eso también viene de otras vidas y es que hay información guardada en archivos ancestrales de nuestra alma, que nos pide reposicionarnos frente a esa misma energía/persona, poniéndole cierto límite que nos lleva años lograr.

Como dije varias veces, este camino de vida es solo una experiencia de exámenes a superar, y la idea de este libro es poner la mayor cantidad de luz y dar toda la información posible para entender cómo se entretejen los hilos invisibles de esta existencia.

Lunes 23 de abril.

La sesión de hoy fue un repaso de las tres regresiones experimentadas en sesiones anteriores.

Muchas veces, cuando las sesiones son tan fuertes a nivel sufrimiento físico y emocional, vuelvo sobre aspectos ya revividos en la sesión anterior para revisar que la persona no tenga pendiente emoción alguna, ni dolor que indique que aún hay restos de conexión con esta. Los guio a las mismas o diferentes escenas de vidas recorridas y es maravillosos ver como las recorren sin dolor alguno.

Lunes 30 de abril.

En esta sesión volvemos sobre la exploración de vidas pasadas mediante la práctica de regresión. La intención es recorrer viejos aprendizajes, dejándonos conducir hasta y donde disponga mi alma.

Con la ayuda de Claudia ingreso a un estado de relajación, luego de meditación. Entonces una cálida y agradable luz blanca y dorada me envuelve y eleva. Esa misma luz que se sentía como un energía me conduce hacia atrás en el tiempo, hacia una vida pasada.

Estoy en un antiguo puerto. Es el año 1495 y me hallo próximo a emprender una larga y dificultosa travesía. Es de noche y me encuentro ultimando, junto a otros hombres, todos los preparativos del viaje, pues debemos zarpar en apenas algunas horas. Trabajamos duro cargando el barco de todas las provisiones necesarias.

Una vez terminada la carga nos dirigimos a la taberna. Compartimos unas cuantas jarras de vino, puedo sentir su aroma. El clima es de franca camaradería. El ánimo reinante es muy bueno a pesar de la incertidumbre que genera el viaje que estamos por realizar, cruzar las bravas aguas del Atlántico con la intención de arribar al Nuevo Mundo. La travesía es muy riesgosa, sabemos que varios han fracasado en el intento.

Avanzo en el tiempo. Apenas despunta el alba zarpamos. Yo soy uno de los timoneles, el más joven. Nuestra tarea no es fácil, debemos sostener el rumbo aun en los momentos en que las aguas azotan la embarcación con toda su furia. En dichas ocasiones permanecer aferrado al timón requiere de una gran fuerza y destreza.

Enfrentamos terribles tormentas. El viaje transcurre en condiciones muy duras. No obstante, logramos llegar a destino, América.

Al desembarcar respiramos con alivio, habíamos superado la bravura del Atlántico.

Una vez en tierra firme somos recibidos amistosamente por un grupo de los "nuestros" que habían arribado a este remoto lugar años antes, más unos cuanto nativos, quienes me resultan muy extraños, exóticos.

Me alegra que el desembarco no haya resultado conflictivo ya que no soy adepto al uso de armas. Nos adentramos en la selva. Me muevo con suma cautela. Salgo de esta vida...

Aprendizaje, ser perseverante en y con mi misión, aun en aquellos tiempos donde abundan las dificultades. No perder de vista la meta establecida y sostener el rumbo fijado.

Mi alma ahora me conduce hacia una nueva encarnación. Me encuentro en China, en un monasterio. Soy un monje. Mis ojos oscuros y rasgados. Mi rostro está surcado por el paso del tiempo, soy anciano. Mi cabeza afeitada, pero no completamente, tengo una colita. Visto una túnica anaranjada.

Donde estoy nunca ingresa el Sol, el lugar permanece iluminado gracias a unos tímidos rayos de luz que brotan de unas lámparas. Casi no tengo contacto con las personas. Suelo cruzarme solo con otros dos monjes.

Paso mis días estudiando y, aun así, siento y pienso que me queda mucho por aprender para completar mi actual aprendizaje. Me inquieta que sea así porque sé que el final de esta vida está muy próximo.

Avanzo en el tiempo, estoy en mi celda donde suelo dormir. Estoy descansando apaciblemente. La muerte me sorprende entre sueños. Me elevo. Puedo ver mi cuerpo yacer tranquilo.

Enseñanza, no pretender agotar en unas pocas vidas aquello que debemos aprender en muchas. Este proceso suele demandarnos muchas encarnaciones, alegrarnos por todos los aprendizajes experimentados y no desanimarse —algo que me suele suceder en esta vida— y no desanimarnos si nos parecen minúsculos o incompletos.

Retorno a otra vida. Estoy en un bosque densamente poblado de pinos. Es el año 1765. Habito tierras que hoy pertenecen a Estados Unidos. Soy un indio, más precisamente, el cacique de la tribu.

La plumas que llevo sobre mi cabeza dan cuenta de mi estatus.

Estoy corriendo entre los pinos. Huyo de un grupo de soldados colonos. Me persiguen acompañados por una furiosa jauría. Los perros ladran enardecidos. Continúo corriendo, pero noto que mis fuerzas comienzan a agotarse. Veo que los perros se me acercan cada vez más, la distancia que nos separa va acortándose.

Finalmente logran atraparme. Estoy exhausto. Ahora soy presa de ese grupo de hombres cuya comunidad busca someter a mi tribu y conquistar las tierras que habitamos. Formamos parte de culturas muy diferentes y enemistadas.

Ellos no buscan el diálogo, una convivencia pacífica, entre ambas comunidades, sino el enfrentamiento directo, se saben mucho más poderosos.

Avanzo hasta el momento de mi muerte, estoy atado por mis brazos y piernas a cuatro caballos. Están a punto de descuartizarme. Pienso mucho en mi tribu. La proximidad de mi muerte me inquieta sobremanera, siento que muero abandono a los míos y los sumo en el desamparo.

¡Siento desesperación porque no quiero dejarlos a merced de los colonos! Pero mi lucha acaba, no puedo zafar, los soldados sueltan a los exaltados caballos que corren en distintas direcciones. Grito mientras mi cuerpo se desgarra. Me invade un profundo dolor. No quiero dejar esta vida. Pienso en mi tribu. Mi tribu…

Estoy de espaldas sobre la tierra, mis brazos y piernas están separados del resto de mi cuerpo que está destrozado, se desangra. Aún respiro. Sigo pensando en mi comunidad, no quiero abandonarla. Me resisto a dejar la vida, me aferro a ella. Me retuerzo de dolor.

Claudia observa, me dice que hice todo lo que estaba a mi alcance para bien de mi comunidad. Intenta ayudarme a dejar el cuerpo del cacique, pero me resisto.

Dos almas, bajo la forma de brillantes luces blancas, vienen a auxiliarme. Las reconozco, son mi hermana y mi cuñado actuales. Me colman de tranquilidad y me ayudan a dejar esta vida. Lentamente comienzo a abandonar el cuerpo del cacique. Me elevo y el dolor comienza a desaparecer.

Aprendizaje, proteger a "mi gente", prodigar cuidado a las personas que quiero.

El recorrido por estos relatos son vívidos y conmovedores, por momentos D.D. nos hace sentir la desesperación, el dolor de cada situación. Pero lo positivo de estas vivencias es la desactivación de todas estas sensaciones del aquí y ahora, ya que habitan ocultas en esta existencia, quitándole la posibilidad a él como a todos nosotros de vivir plenamente.

La liviandad con la que él vuelve cada semana a sesión es notoria. El entusiasmo y la recuperación de energía es sorprendente.

La metodología aplicada sesión tras sesión es siempre la misma. Relajación, regresión al origen del síntoma o a la pregunta que la persona necesita responder. Una vez en la escena, determinar que piensa y que siente allí, sentirlo con claridad, compararlo con el aquí y ahora. Ver si reconocemos a alguien de esta vida y si juega el mismo rol sobre nosotros, muchas veces esto desactiva relaciones tóxicas. Al llegar al momento previo a la muerte en esa vida hacer el balance, y una vez que el alma se despega, entender cuál fue el aprendizaje de esa existencia.

Toda esta riqueza sigue operando en los días, semanas, meses y años sucesivos al recuerdo. Las sincronicidades se ponen en juego en el tiempo y a veces haciendo una regresión muchos años después volvemos a alguna de las vidas ya recordadas, pero esta vez obteniendo información más profunda o diferente a la vez anterior, cosas que estemos listos para develarlas.

Como vemos, el inconsciente es un archivo interminable de información y cada vez que meditamos o hacemos alguna regresión a esta y otra vida nos podemos sorprender de lo que allí aparece. Las capas profundas de la mente se van destapando por pasos, lentamente, de manera asertiva y exacta en el momento que las necesitamos.

Siempre conviene anotar todos los detalles posibles porque ocasionalmente no estamos despiertos como para entender toda la información que nos llega y más adelante leyendo la experiencia pueden adquirir significado. Aconsejo anotar y dejar "en el estante" toda aquella información que aún no puede ser descifrada para que lo sea en el momento oportuno en el cual se resignifique.

No debemos temer a sentir emociones intensas recordando vidas pasadas, sino entender que a través de su recuerdo logramos desactivar el flujo de ese río constante y oculto que fluye continuo en esta vida, sin darnos la posibilidad de vivir una vida liviana y plena.

Otra enseñanza que nos regala esta experiencia de vidas pasadas es la superación del "temor a la muerte". En cientos de experiencias las personas han desapegado del cuerpo de manera amorosa, viviendo diferentes encuentros con seres queridos o luminosos, o simplemente con la propia sensación de libertad infinita y el recupero de la propia luz. Recordándonos cuál es nuestra verdadera esencia y cómo es la sensación de transformarnos nuevamente en "alma".

Jueves 10 de mayo.

En esta sesión intentamos nuevamente recorrer varias vidas y recordar aprendizajes, dejándonos conducir hasta y donde establezca mi alma.

Claudia me guía como de costumbre a un estado de relajación y luego de meditación. A la sazón, una cálida y agradable luz me envuelve y eleva. Luego me lleva a vidas pasadas.

Recorro muy fugazmente las infancias de las vidas rememoradas hasta el momento, en todas soy un niño feliz. Juego, me divierto y aprendo.

Ahora estoy en una espesa selva, en América. Soy el joven timonel. Estoy corriendo. Me persiguen. Intento cruzar un angosto río. Me resbalo y caigo. Soy arrastrado por las aguas. Con desesperación noto que la fuerte corriente me lleva hacia la cascada. Intento infructuosamente asirme de algo, de alguna rama, pero no lo logro. Nada puedo hacer para zafar, caigo cascada abajo. Mi cuerpo impacta contra las rocas. Muero al instante. Salgo de esta vida…

La conclusión es que en esta existencia vivo un amor prohibido, una hermosa y joven nativa me había cautivado, la reconozco de la vida actual. Ella también se sintió fuertemente atraída por mí. Ambos nos entregamos a una maravillosa historia amorosa, pero ella estaba condenada por mis pares, para ellos constituía una deshonra. Por este motivo fui perseguido hasta caer en esa cascada y morir. Esta historia de amor quedó trunca.

Estoy en un terreno árido y embarrado. Es un campo de batalla. Corre el año 1916. Soy soldado francés. Peleo en la Primea Guerra Mundial. Estoy junto a otros soldados cavando nuestras trincheras.

La muerte nos ronda, los enfrentamientos son muy encarnizados. Después de cada combate el campo queda cubierto de heridos y cadáveres. He visto morir a muchísima gente en el frente de batalla. Pienso, con cierta resignación, que me espera el mismo final.

Cada vez que se produce un alto al fuego aprovecho para leer y releer las cartas que me envía mi esposa —estoy casado con mi hermana en esta vida— y tenemos un hermoso hijo de dos años. Entonces, me embarga una profunda tristeza. Sé que mi muerte está muy cerca ¡y no quiero dejarlos solos en ese mundo tan belicoso!

Avanzo en el tiempo, estamos en medio de un combate. Bombas, voces de mando, disparos y gritos. Comparto la trinchera con otros dos soldados, uno de ellos es mi hermano menor —que es mi hermano mayor en la vida actual. Nos hallamos ubicados en una zona muy crítica, debemos dejar nuestra trinchera para refugiarnos en otra. Salimos agazapados y a toda prisa. Mi hermano se adelanta unos pasos. Una ráfaga de proyectiles hace blanco en su cuerpo. Cae desplomado. Me desespero y corro a auxiliarlo. Está letalmente herido. Muere en mis brazos. Lloro desconsoladamente. Grito y maldigo por no haber podido hacer nada para salvarlo. Lloro sin respiro.

Avanzo un poco más en el tiempo. Estoy a salvo, pero anímicamente quebrado por la muerte de mi hermano. Lo llevo al camión donde solemos reunir los cuerpos de los compañeros caídos en combate. Después de cada enfrentamiento los sobrevivientes recorren el campo a los fines de rescatar a los heridos y recoger los cadáveres.

Me adelanto hasta el momento de mi muerte. Acaba de terminar una cruenta batalla. Está amaneciendo. Hace mucho frío. Estoy tendido boca arriba en el campo de combate, herido de gravedad. Mi pierna izquierda y mi abdomen están destrozados por las balas. Estoy perdiendo mucha sangre. Aún respiro. Sigo consciente. Puedo ver a mi alrededor, no hay más que muertos. Gran parte de mis compañeros yacen sin vida. No veo movimiento alguno. Solo se escuchan unos tenues gemidos. Siento que llegó la hora de mi muerte y pienso con tristeza en mi esposa y mi hijo, estoy a punto de dejarlos solos en este terrible mundo. Me desespero. ¡No quiero morir! Me resisto. Estoy muy dolorido.

Claudia me pregunta si creo que puedo reencontrarme con mi esposa y mi hijo en alguna otra vida. Le contesto que no. Luego me ayuda a darme cuenta de que en rigor no estoy abandonándolos. Eso me tranquiliza un poco. Ella colabora conmigo para que deje el cuerpo del soldado que está herido de muerte, ya no tiene sentido seguir sufriendo. Comienza lentamente a elevarme. Puedo ver el soldado desde arriba. El dolor va cesando. Sigo mi camino ascendente hasta que una reparadora luz blanquecina me envuelve. Salgo del estado de meditación.

Cada alma contiene la sabiduría de la persona, por eso acompaño a cada persona al encuentro con dicha sabiduría. Yo solo soy la guía para esa aventura, como si fuera una espeleóloga que los conduce con una linterna por las cavernas de su propio inconsciente.

A veces hay grupos de almas que se acompañan vida tras vida cambiando de rol, muy cerca unos de otros, para asegurarse el aprendizaje de cada uno. Así es el caso de la vida del soldado, está casado con quien es su hermana en esta vida y el hermano que en lugar de ser el mayor es el menor en esa encarnación, le enseñan que nunca es el final, que todo continúa una y otra vez.

En la actualidad, la unión de esta familia es algo muy notorio, ellos se acompañan constantemente haciéndonos ver y entender cuanto tiempo hace que vienen transitando juntos. A esto se le llama grupo de almas gemelas.

También se repite el aprendizaje de no sentirse responsable por quienes deja en este mundo, que parece ser tan cruel e insensible. De alguna manera, algo que sigue sintiendo en esta vida y que ese recuerdo le ayudará a soltar y comprender mejor. También repite el síntoma en su pierna izquierda, en esa vida es lo que lo lleva a la muerte. El punto de conexión es la impotencia que se repite en ambas vidas.

Jueves 17 de mayo.

Al comienzo de la sesión, le cuento a Claudia que antes de ayer sufrí un broncoespasmo. Y ella considera que esto es una cuestión para tener en cuenta para el trabajo de hoy.

Debido a que luego de las regresiones realizadas hasta el momento suelo quedar bastante dolorido, decidimos no reexperimentar en las vivencias de hoy las dolencias físicas.

Antes de regresar a vidas pasadas, hacemos un ejercicio tendiente a mi recuperación física, una luz de color verde recorre mi cuerpo y al llegar a los pulmones se transformó caprichosamente en una luz color nácar. Ingresa y recorre todo mi cuerpo, recargándolo de energía y haciendo que me sienta físicamente mucho mejor.

Luego retrocedo en el tiempo, estoy en un lugar cubierto por completo de nieve, donde los árboles son muy escasos. El frío es penetrante, me cala hasta los huesos.

Tengo 65 años y vivo en una cabaña muy pequeña. Me dedico a la cría de animales. Llevo una existencia por demás pobre. Esta época del año suele resultarme particularmente dura, los inviernos son crudísimos y largos. La espera de la primavera llega a ser una experiencia insoportable, eterna. Vivo prácticamente en soledad. Conseguir un poco de leña para cocinar y calentarme supone recorrer grandes trayectos. Mi edad, una salud frágil y las condiciones climáticas no ayudan para nada.

Claudia me pregunta si existe algún paralelo con la vida actual. Le contesto que sí, como yo, él ama cada una de las cosas que lo rodean, mantiene una relación de mucho afecto con su entorno, a pesar de su pobreza, y además tampoco le gusta la soledad extrema.

Avanzo en el tiempo, camino en busca de leña. Mi andar es muy lento. En mitad del trayecto me sorprende una tormenta de nieve. Siento que el frío recorre todo mi cuerpo. Entonces me sobreviene un ataque de tos —hace ya tiempo que padezco problemas pulmonares. Me desvanezco. Un hombre —que no reconozco— pasa ocasionalmente por allí y me auxilia. Me lleva a su casa. En su interior está cálido y muy agradable. Su esposa me prepara algo caliente para tomar con la intención de hacerme entrar en calor y reanimarme un poco. Todos los esfuerzos que realizan resultan infructuosos, no logro reponerme y muero.

Enseñanza, aprender a enfrentar las dificultades aun cuando la disponibilidad de recursos es crítica.

Salgo de esa vida y me dirijo a otra. Tengo aproximadamente cuatro años. Estoy junto a mi familia disfrutando de un día maravilloso en la quinta de mi tío. Es verano. Juego con mi hermana alrededor de la pileta y de repente tropiezo y me caigo al agua. Nadie lo advierte enseguida. Me voy hundiendo de a poquito. Trago mucha agua. Siento en mi boca, mientras lo cuento, gusto a cloro.

Claudia me pregunta donde estoy. Le cuento de mi caída en la pileta. Me ayuda entonces a visualizarme dentro de una burbuja que me mantenga a salvo. Y así hago. Me siento a salvo dentro de esa burbuja. Me siento seguro. De todos modos, no puedo evitar hundirme. Veo como me aproximo al fondo, no obstante, estoy muy tranquilo. Hasta disfruto de la situación, juego en y con la burbuja. Me río y divierto. Quiero quedarme ahí un rato más contemplando desde el fondo el interior de la pileta. Pero de pronto, mi tío se zambulle y me rescata. A mi alrededor todos están muy asustados.

Avanzo en el tiempo. Tengo unos 47 años y tres hermosos hijos, que tienen cinco y ocho años. En ese momento mi casa se está incendiando, es de dos plantas y su estructura está hecha íntegramente de madera, como las casas en Estados Unidos. Ahora arde envuelta por enormes llamas. Es de noche. Cuando se inicia el incendio yo estoy fuera de casa. Al llegar me encuentro con este terrible e infernal suceso. Sé que mis hijos están dentro. ¡Me desespero! Todavía no se hizo presente ninguna dotación de bomberos. Entonces entro con la intención de rescatarlos. Es muy difícil llegar a sus dormitorios. Toda la casa está tomada por el fuego. Por donde se mire hay llamas y un espeso humo. Siento que me asfixio. Apenas puedo respirar. Me muevo de prisa, pero aún sigo en la planta baja. Pienso en mis chicos. Intento incorporarme;

pero no puedo. Comienzo a prenderme fuego. Muero asfixiado y quemado como también mis tres hijos.

Claudia me pregunta si creo que puedo reencontrarme con ellos. Le contesto que sí, de hecho, ¡ya estamos juntos, abrazándonos! Nos reencontramos de inmediato después de nuestras muertes. Estamos reponiéndonos del incidente que acabamos de protagonizar. Nos damos fuerzas mutuamente. No nos hallamos en el plano físico. No obstante, nuestras almas aún conservan la forma corporal presente.

Enseñanza, proteger mucho a mis hijos, andar con sumo cuidado, entender que los tiempos nos designa el destino y no importa lo que suceda nos podemos encontrar con nuestros seres queridos de inmediato. Experimentar ese estado fuera del plano físico con mayor entendimiento y consuelo.

Conectar la coincidencia de las afecciones respiratorias a las pérdidas vividas y desactivarlas del aquí y ahora.

Salgo del estado de meditación.

Aunque el avance era claro y notorio y que cada semana D.D. se encontraba mejor de salud y de ánimo, la intensidad con la que vivía cada vida pasada era impresionante. Pocas veces me pasó que la persona se retorciera en el sillón con el recuerdo de ciertas vidas como lo hacía él.

Eso también me llevó a elegir este caso para compartirles, porque la riqueza de situaciones y vivencias lo abarca todo. Además del detalle con el que anotaba cada instante de lo experimentado, se dedica a la comunicación, con lo cual su afición por escribir se advierte en la manera que narra cada vivencia.

Esa semana elegí darle la orden, al entrar en estado hipnótico, de recordar la vida sin padecer dolor físico alguno, porque me parecía que esto le aliviaría bastante el trabajo, sabiendo que los síntomas remiten igual y que D.D. los vivía intensamente.

Es increíble como el relato nos lleva a dos vivencias de ahogo/asfixia, similar al broncoespasmo que estaba sufriendo en su vida actual frente a una situación de pérdida y soledad. Al hacer las regresiones volvieron las situaciones traumáticas donde se repiten la soledad y el ahogo/asfixia cuando está en la pileta y en la casa que se incendia.

Es lo maravilloso de estas experiencias. Nadie puede tener la inteligencia o la habilidad para recrear e inventar historias que unan tantos cabos sueltos, tan rápidamente. Sin embargo, así se entretejen las diferentes vidas pasadas para encarnar en la actual, devolviendo deudas, aclarando procesos, terminando historias truncas y poniéndole fin otras que quedaron sin cerrar.

Jueves 24 de mayo.

En la sesión de hoy trabajamos primeramente los *chakras*, mediante un ejercicio de visualización. Luego, mi alma explora mi actual vida desde la infancia hasta mis 19 años. Disfruto mucho de las experiencias revividas. Resulta una sesión muy agradable.

Muchas veces cuando los procesos son intensos y los logros obtenidos impactantes y provechosos, como en este caso, aprovecho una sesión para aliviar un poco la exigencia del trabajo y enseñarle a la persona un ejercicio que le sirva para brindarse equilibrio y volver a su estado de armonía. Algo primordial para nuestra vida que se encuentra en movimiento constante por diferentes estímulos y que perdemos a diario.

Por eso, tener la herramienta para saber regresar al estado de equilibrio energético es fundamental. En el siguiente capítulo lo explico más en detalle.

Jueves 14 de junio.

En esta sesión mi alma se dispuso nuevamente a volver a vidas pasadas.

Es el año 1860. Soy un niño. Mis padres me han abandonado. De alguna manera siempre me las rebusco para seguir sobreviviendo. No llevo una buena vida, vivo prácticamente en la calle y me dedico al delito. Una de las mafias locales me acogió entre sus filas. Mi agilidad, mi pequeña estatura y corta edad me permiten realizar tareas que "mis colegas" adultos se ven imposibilitados de llevar a cabo.

Corro por las empedradas calles de Roma, estoy huyendo como de costumbre de la policía. Como no suele ser habitual me alcanzan. Me dan una fuerte golpiza con la intención de hacerme escarmentar por mis malas acciones, reconozco al policía que conduce al grupo, es mi padre en la actualidad.

En esta vida hago daño sin ningún escrúpulo, sin ningún tipo de miramientos. Permanezco insensible frente al sufrimiento que le provoco a mis víctimas.

Avanzo en el tiempo. Soy adolescente. Mi fama y reputación de joven duro se han incrementado notablemente dentro del ambiente del hampa.

Estoy encerrado en mi pequeña habitación en la casa de pensión donde vivo. La policía está buscándome y me tiene acorralado. Han montado un gran operativo. Mi detención es inminente e inevitable, lo presiento. No tengo manera de zafar. Sé que cuando esté en manos de los hombres de la ley estos harán cualquier cosa para que confiese mis delitos y delate a mis compañeros. Ahora bien, dentro de mis valores no hay lugar para la delación. Pienso lo peor. Escucho gritos de la policía. La cercanía de sus voces me indican que ya están dentro de la pensión. Ahora, golpean con fuerza la puerta de mi cuarto. Esta resiste el embate. Mientras tanto, tomo con suma calma mi revólver, que tantas veces había salvado mi vida a costa de la ajena. Me siento. Los policías siguen intentando derribar la puerta. Apoyo el revólver en mi sien derecha. Los ruidos provenientes de afuera continúan. Adentro, en cambio, reina el silencio. Con un solo movimiento acabo con ese silencio y con mi propia vida. Me suicido.

Mensaje de las almas superiores: *D.D. no olvides que el amor es la fuerza de la vida más importante.*

Esta experiencia sirvió para sentir lo que es vivir descarriado, en negativo, sentir que para dibujar el camino de la actual vida también tenemos que reparar cosas que hemos hecho mal, daños que le hemos provocado a otros sin poderlos subsanar en aquella otra vida. Nos sirve para no juzgar a otros y entender que en contextos determinados el camino se dibuja de maneras distintas, y que no siempre tomamos las mejores opciones. Muchas veces carecemos de los medios para adquirir buenas costumbres y ejemplos a seguir, y no tenemos los recursos para encontrarlos dentro nuestro.

Aquí, la experiencia lo conectó con maestros, seres de alta vibración, que están acompañando nuestra existencia, aunque no los veamos ni sepamos que allí están.

Martes 15 de agosto.

En la sesión de hoy experimento una nueva regresión.

Es el siglo XII. Soy un cruzado. Me dirijo a Oriente con el objetivo de llevar a cabo nuevas conquistas. Peleo en nombre de la religión, de la Iglesia Católica. Soy muy bueno con las armas y muy reconocido por ello. Las misiones que afrontamos son muy riesgosas, pero sus beneficios muy seductores. En lo personal, no me importa demasiado la religión sino el poder y el dinero. Estos son, en verdad, los motores de mi lucha. Soy muy ambicioso y, además, intolerante con quienes profesan una religión diferente a la mía. En el combate soy muy cruel. No tengo escrúpulos. Gracias a los triunfos alcanzados me enriquezco.

Avanzo en el tiempo. Estoy en medio de un feroz combate. La situación es sumamente difícil. Despliego como de costumbre toda mi valentía, fiereza y crueldad. Me motiva pensar que tras la victoria me aguarda una gran recompensa, mayor riqueza y más poder. La apuesta —la vida propia y ajena— es enorme, pero considero que vale la pena. De pronto, una pesada hacha me surca la cara. Estoy herido de muerte. El hachazo me destrozó el rostro y me despojó del ojo izquierdo. El dolor es fortísimo e insoportable. Dura muy poco, ya no siento dolor. Muero lentamente.

Mientras muero pienso que la forma que asumo mi muerte me deviene merecida, víctima de la misma crueldad que, hasta entonces, me encargaba personalmente de desplegar. Reconozco, además, que mi ambición me condujo hasta este trágico final.

Enseguida mi alma es conducida nuevamente a una vida pasada, vida que ya había recordado en una sesión anterior, en la Edad Media y estoy siendo torturado por un grupo de monjes inquisidores. En esta ocasión, reconozco a quien encabeza la tortura, es mi padre en la actualidad. Ahora ya no soy victimario sino víctima de la violencia ejercida en nombre de la Iglesia Católica. La fuerza que había ejercido durante mi vida como cruzado se cierne sobre mi propia persona. Muero a consecuencia de las torturas, despojado de toda ambición y tolerancia.

El aprendizaje es tan claro, todo se equilibra en algún momento de las existencias.

Martes 4 de septiembre.

En esta sesión regreso a la vida de cruzado.

Volvemos victoriosos de una importante campaña militar. Al llegar a nuestro pueblo nos enfrentamos a una situación terrible e inesperada, este ha sido completamente devastado. Solo quedan ruinas.

Busco desesperado e infructuosamente a mi esposa y a mi pequeña hija. No hay dudas, están muertas. Lloro de manera desconsolada. La tristeza y la furia invaden mi espíritu. Siento además una gran culpa, si mi desmedida ambición no me hubiera alejado de ellas, habría podido estar a su lado para defenderlas. ¡La furia me brota por todos mis poros! Quiero acabar con quienes mataron a las personas que amaba en la vida.

Claudia me invita a que me dirija hasta otro momento relevante en esa vida. Estoy por partir a una nueva campaña militar. Mi esposa me pide, entre llantos, que me quede a su lado. Me suplica que piense en nuestra queridísima hija.

No estoy obligado a participar de esta campaña, pero mi codicia prima por sobre cualquier otro tipo de consideración. Sé que tras la supuesta victoria me aguarda un importante botín. Sin atender a las súplicas de mi esposa, parto. Al regresar había perdido a mi familia.

Preocupado por acumular riqueza, reconocimiento y poder descuidé a las personas que más amaba.

Miércoles 18 de junio.

En la sesión de hoy experimenté luego de muchísimo tiempo una nueva regresión a una vida pasada.

Me encuentro en una isla, hoy es Hawái. Puedo ver una aldea que es azotada por una fortísima tormenta de viento y lluvia. La aldea está a orillas del mar. Las chozas estás destrozadas por la tormenta. Las bravas aguas has invadido la aldea que queda desolada. No hay rastros de vida. Los ojos se me llenan de lágrimas y se me hace un nudo en la garganta.

Avanzo en el tiempo.

La aldea, la comunidad, está regida por un Consejo integrado por un grupo de notables que ocupan el escalón superior de la jerarquía social. Todos ellos cuentan con una importante formación. Existe una estrecha relación entre poder y saber, quienes más saben, más poder ejercen.

Yo soy un simple y vulgar aldeano, tengo una hermosa esposa y una pequeña hija a quienes amo profundamente.

La aldea se está construyendo. El Consejo ha decidido que debe emplazarse cerca del mar. ¡Se equivocan! —pienso— no es el lugar propicio para construir la aldea, ya que quedaría a merced de las inclemencias del tiempo y a la acción incierta e inmanejable de las aguas. Presiento una catástrofe.

Estoy frente al Consejo de Notables, intento convencerlos de que la aldea no debe construirse tan cerca del mar. Mis palabras y argumentos son muy toscos. Los consejeros se burlan de mí, de mi vulgaridad. Hasta mis ropas resultan motivo de burlas. ¿Cómo alguien de mi categoría se atreve a contradecir lo establecido por quienes tienen y dominan el saber? Se ríen a carcajadas. El escarnio es cada vez mayor. Me avergüenzo de mí. Apenas si puedo hablar, balbuceo algunas pocas palabras. No soy escuchado, el vulgo no tiene palabras o mejor dicho carece de valor alguno.

Voy más adelante en esa vida. Se desata una fuerte tormenta. Su bravura se cierne sobre la aldea. El mar lo invade todo. El viento vuela los techos de paja de nuestras chozas. Las palmeras se curvan hasta casi tocar el suelo. La gente es literalmente arrasada por el agua. Entre el silbido del viento y el rugido del mar se escuchan gritos, lamentos y llantos. No es posible aferrarse a nada.

Estoy enganchado a una palmera, completamente mojado, luchando contra el viento y el agua. De una de mis manos tengo agarrada a mi pequeña hija y de la otra a mi mujer. Voy perdiendo fuerzas, se hace imposible sujetarse de algo. ¡Me desespero! Miro los ojos húmedos de mi esposa, ¡Cuanta desesperación y tristeza!

Intento agarrarlas, pero nuestras manos comienzan a separarse. Sostengo la mirada sobre la de mi esposa. Los dos lloramos. Mi hija grita y nos soltamos. El agua la arrastra y la devora. Ahora es el turno de mi mujer. La veo alejarse, permanecemos unidos por la mirada. Una mirada desahuciada.

¡Lloro desconsoladamente! Me invade el enojo. Todo esto podría haberse evitado, maldigo al Consejo. La fuerza del viento me vence. Ya no hay nada que pueda hacer. Me dejo arrastrar por el agua. La proximidad de mi muerte no me preocupa ni me entristece, esta vez sé que voy a volver. Volveré —pienso.

Aprendizaje, luchar con ímpetu por aquello de lo que estoy convencido. Perseverar en la lucha. Entendí por qué en esta vida le di tanta importancia al ser intelectual, a aprender insaciablemente, a dirigirme y a comunicarme de manera fluida y llena de vocabulario. Nunca había podido entender esa necesidad interior, hasta exagerada, que parecía no saciar jamás.

Mensaje de mis guías —*Tranquilo vas a lograr lo que quieres, vas a encontrar lo que buscas. Para ello tienes que ser perseverante y paciente, trabajar para lograr tus objetivos y mantenerte activo.*

Principios a subrayar, paciencia, perseverancia, confianza, autenticidad, fluidez, amor, firmeza.

Ser espontáneo, dejar fluir. No querer controlarlo todo.

Este maravilloso testimonio, rico en detalles, ha sido un recorrido por las experiencias y vivencias de D.D. En estas observamos cuantas emociones lo inundaban y con qué vivacidad las vivenciaba. Mientras las transitaba estaba dentro de cada personaje que habitaba cada una de las vidas.

En las últimas sesiones transcriptas solo dejé sus relatos sin interpretarlas para que pudieras ver la riqueza de cada vida pasada.

La remisión del síntoma de la rodilla dura hasta hoy, pasados más de 10 años y seguirá así por toda su vida. La posibilidad de recorrer vidas pasadas nos permite llegar a información que está muy escondida y que afecta nuestro hoy de manera silenciosa y callada, quitándonos energía vital y potencial en nuestro ahora. Recorrerlas con la guía de alguien idóneo es una experiencia fructífera. Recomiendo siempre que sea un psicólogo preparado porque contener las emociones y la marea de energía que se desata no es para una persona que no esté capacitada para ello.

Tener la fortuna de encontrar a alguien que te guíe hacia esa sabiduría guardada en el inconsciente es un viaje único, de una riqueza mágica, una intensidad sorprendente, y un alivio incomparable.

Si tienes alguna vez la oportunidad de hacerlo, guardarás esa vivencia como el mejor de tus recuerdos.

La muerte

La muerte es el instante en que una forma cambia de estado.

Para quienes creen en la reencarnación, la materia deja de estar recorrida por el alma, esta vuelve a la fuente para recomenzar su ciclo cuando crea conveniente y así proseguir con su camino de evolución en otra cápsula —cuerpo humano— que le sirva para el fin del siguiente aprendizaje.

La unión que mantiene al alma conectada al cuerpo se llama para los orientales el cordón de plata y este se desprende al momento de la muerte, marcando el fin del camino de la encarnación.

Para quienes son más racionales o empíricos, al momento de la muerte la materia se desprende de la vibración y electricidad que la conecta a la vida y al disociarse la materia queda inerte, volviendo al suelo de donde surgió y del que es parte.

Somos un pedacito de universo y estamos formados de partículas estelares, este concepto es tan real como comprobable, y la sola idea de ello me conmueve.

La Psicoemoción considera el concepto de alma y de reencarnación así que retomaré desde allí.

El alma es parte del cuarto cuerpo del que está formado el individuo, y es clave en el desarrollo del camino de vida y en la dinámica que va a adoptar ese individuo al encarnar.

La muerte es el punto que marca el fin de un tránsito, una experiencia determinada, pero bajo ningún concepto el fin de la energía alma.

Muere el cuerpo, perece de la energía que lo imbuía de vida, el corazón se detiene, el cerebro también, cortándose el flujo eléctrico y dejando ese cuerpo, esa nave sin vida.

La muerte marca un punto en la psiquis del ser humano muy fuerte, muchas veces llevándolo a procesos emocionales profundos, de una carga emotiva dramática. Otras, en cambio, en el menor de los casos, la sensación de trascendencia, de misión cumplida, de balance y asimilación del aprendizaje.

Es así como muchas personas han vuelto de la muerte clínica, trayendo relatos maravillosos de sus experiencias fuera del cuerpo. Hay infinidad de material al respecto, se ha escrito mucho sobre el tema desde una óptica científica, seria, que te va a resultar muy enriquecedor.

Pero la muerte para la Psicoemoción es lo que nos marca el cartel de "llegada", el cierre del ciclo de una experiencia que recorrimos y tenemos que dejar ir.

La muerte es una experiencia transpersonal desde la vivencia de las vidas pasadas porque podemos vivirla desprendidos del cuerpo actual, como también del que estamos recordando durante la vivencia pasada. Resulta una herramienta maravillosa para superar el miedo a la muerte.

La posibilidad que tiene la mente de contabilizar semejante experiencia marca un antes y un después para la psiquis y para el cuerpo emocional. Habitar la sensación de liviandad y libertad que nos brinda el alma en esta experiencia entre vidas, no se asemeja a nada conocido ni experimentado previamente, salvo que la persona haya tenido una experiencia de muerte o fuera del cuerpo. Esta vivencia nos da la garantía de que vamos a volver si el alma lo cree necesario.

La muerte se experimenta como una sensación atemporal de una liviandad particular. Las emociones se describen y se sienten mientras el alma se está desprendiendo del cuerpo, pero una vez que esta empieza a elevarse se apagan por completo. Sentimos por primera vez la neutralidad del cuerpo emocional. El cuerpo físico no tiene peso ni forma, el cerebro está apagado y la mente abarcativa, inmensa y despierta revela verdades con un nivel de sabiduría tan elevado que sorprende.

Durante las últimas décadas, la información sobre personas que encarnan con el recuerdo vívido del lugar que dejaron previo a su muerte en la vida anterior, sus relaciones y más detalles, impactan a más de un incrédulo y a más de un científico.

La prueba de que el alma existe está confirmada científicamente, y su trascendencia a otra vida demostrada por cientos de casos documentados que describieron lugares, ciudades, pueblos y familias anteriores, recordando hasta los secretos compartidos con algunos de sus integrantes, por lo tanto, innegable e irrefutable.

¿Por qué a pesar de tener toda esta información sigue siendo una preocupación?

Llegar al punto más alto de nuestra evolución como para relajarnos frente a la idea de la muerte cuando ya es un hecho, tiene diferentes estadios.

La idea de muerte puede ser algo tolerable, sin generarnos ningún tipo de emoción si tenemos algo de trabajo y proceso personal previo, sin embargo, es muy distinto si nos anuncian que nos queda un determinado tiempo de vida y que nuestro final se avecina. Ahí nos encontramos en un punto de inflexión que nos compromete a nosotros y también al sistema de amigos, parientes y familia que nos está acompañando en el proceso. Ese momento hará que la muerte resuene en cada uno, y lo proyecte respecto a sí mismo.

La muerte tiene el efecto de alterar la vida de los allegados a la persona próxima a morir o la de algún ser conocido. En ese caso, cada uno tendrá que hacer su proceso de consciencia para revisar su propia vida, sus pendientes, su camino hasta ahí, la manera en que transita, la calidad con la que realizó el viaje y cómo capitalizó las experiencias. Las muertes cercanas siempre invitan a reflexionar sobre nosotros mismos y nos dan grandes oportunidades de cambio. Si no logramos hacerlo, la pérdida de ese ser querido puede ser un proceso muy largo que se lleve muchos años de plenitud de nuestra vida, devastados por el dolor y el sufrimiento.

El duelo es una de las partes que más amo de mi trabajo, la Psicoemoción es perfecta para ocuparse de este proceso tan difícil, obteniendo experiencias increíbles al respecto. Las etapas del duelo como la anestesia inmediata a la pérdida, la victimización, el enojo, la comprensión, y posterior aceptación solo se puede realizar plenamente si atravesamos procesos psicoemocionales. Con la palabra y las terapias convencionales se hace muy difícil lograrlo, ya que no se puede descargar el dolor tan hondo y dramático que se produce frente a la irreparable pérdida.

La experiencia terapéutica transpersonal del encuentro con el alma del fallecido es de una reparación y sanación inimaginables. La experiencia es vibratoria, se vive una conexión inexplicable e irrepetible con el ser amado, reparando por completo el vacío que había dejado la pérdida y la sensación de extrañar. Hay quienes lo hacen instantáneamente, otros que requieren algunas sesiones más, todo tiene que ver con cada persona y con el tiempo transcurrido desde la pérdida.

Para la mayor parte de los humanos, las pérdidas generan un vacío debido a que estamos acostumbrados a vivir en apego, seguridad y control. En el momento que perdemos cualquiera de las tres se genera una tensión, si perdemos las tres un estado de crisis.

Sin embargo, cuando muchas personas están en sus últimos momentos se entregan, como si la paz de lo inexorable los invadiera y se dejaran llevar. Por eso, es importante que si tenemos una persona querida cercana en un estado crítico es importante que le hagamos saber el amor, perdón y le comuniquemos lo que haga falta para cerrar temas pendientes, liberando a esa persona de las deudas, ataduras o dependencia afectiva que pudiera tener.

Los sueños

Los sueños pueden ser misteriosos e inentendibles porque son una manifestación directa del inconsciente, en donde se expresan con su propio lenguaje, el simbólico y vibratorio, ese es el motivo por el cual no es fácil decodificarlos.

Son las manifestaciones que tiene el inconsciente cuando nos encontramos en una frecuencia cerebral más lenta, esta frecuencia se llama *delta*. En dicha frecuencia el inconsciente y consciente se unen sin la barrera represiva que se activa durante la vigilia, permitiéndonos el acceso a una cantidad de información que si sabemos decodificar puede ser muy enriquecedora.

Los sueños pueden ser: a) personales, los que tienen relación con el individuo y su psiquis o b) transpersonales, los que tienen relación con una energía que va más allá de la persona. Por eso los agregué en este capítulo. Hay sueños con información puramente simbólica y personal y hay otros que son manifestaciones de algo superior.

Para la Psicoemoción hay tres tipos de sueños.

1) Los sueños simbólicos: se manifiestan con un lenguaje particular, la metáfora. Esta metáfora recrea una escena que lleva a la persona a experimentar una vivencia que le trae información de su vida. El sueño está cargado de emoción y esa emoción es la que se tiene que liberar, para ello el sueño representa una escena simbólica que replica un evento de la realidad que nos permite revivirla para deshacernos de esta.

Este es el sentido que tiene la función onírica, pero al estar ignorantes de ese saber y desconocer esta información, en lugar de liberarnos de la emoción y entender que se trata de revivirla para desactivarla, nos angustiamos, sufrimos, y nos llenamos de miedo por lo que vimos o me ilusiono y proyecto, según las imágenes que me haya hecho vivenciar dicho sueño.

Estos sueños son los interpretados por el psicoanálisis, aquellos de los cuales se ha hablado y escrito en diccionarios de sueños, en donde se toma cada imagen como metáfora y se le adjudica un significado. Los que se definen como un reflejo o conexión entre la realidad y el inconsciente, por eso toman referencia de nuestra vida dándole un encuadre surrealista, las condiciones del sueño adquieren reglas propias y alocadas que sorprenden sin que logremos entenderlo del todo. Sumándole además, que al despertar y pasar por las barreras represivas, tampoco los recordamos literalmente. Muchas veces recordamos escenas con lagunas de olvido entre medio, sin encontrar un hilo conector en el relato. Son los sueños que a veces se resignifican mientras estamos despiertos porque algo coincide y evoca el recuerdo de lo soñado.

Este tipo de sueños pueden tener una interpretación personal o general. En mi caso, soy muy cuidadosa al momento de interpretarlos porque no son una ciencia exacta ni comprobable entre las personas y se tiñen de la subjetividad de cada intérprete. La Psicoemoción no considera de relevancia la interpretación de este tipo de sueños.

El psicoanálisis en cambio, sigue las siguientes pautas: la descripción más detallada y posible del sueño y la generación de asociaciones por parte del paciente, sin censura, relacionándolo con todas las palabras que se le vienen a la mente. Dándole también una simbolización específica a cada sueño, por ejemplo, soñar que se te caen los dientes, se relaciona con la inseguridad, la fragilidad e incapacidad de defenderte, conteniendo tus miedos y angustias. Y esto puede variar según el diente o la zona donde se desprende. Soñar con gatos, lo relacionan con la intuición y la confianza. En fin, puedes acceder a un diccionario de sueños y ver como se describe cada sueño con una explicación.

De los sueños simbólicos, lo que sí adopta la Psicoemoción en su práctica es la carga emotiva que se vive durante este. Voy a dar un ejemplo, si alguien sueña que está atrapado, ahogándose, voy a relacionarlo con la vida actual de la persona para llevarla en estado meditativo a la evocación del sueño y revivir en detalle el pasaje por las emociones para luego relacionarlo con el episodio de la vida donde está sintiendo lo mismo. Como la persona se encuentra relajada en estado de hipnosis leve o media, las puertas del inconsciente están abiertas lo que me permite hablar el mismo lenguaje y conectar la misma frecuencia vibratoria. Entonces el despeje de emociones es un éxito asegurado y la liberación de dicha carga se desactiva de inmediato devolviéndole el equilibrio perdido.

La interpretación es absolutamente emocional, es allí donde encuentro la paridad de situaciones.

Si el paciente sueña que se le caen los dientes voy a guiarlo a revivir el sueño, evocándolo en estado meditativo, una vez allí lo enviaré a que conecte con lo que le hace sentir, revivir cada emoción en el cuerpo y llevarlo a relacionar el sueño con el momento de su vida en el que siente lo mismo.

2) Los sueños recurrentes o repetitivos: manifiestan otra información del inconsciente. Este es como una caja de Pandora que contiene los archivos pasados, presentes y futuros de toda la humanidad, llamados registros *akashicos* y tiene el poder de recibir esta información a través de la intuición, además de contener la emocionalidad dramática de los episodios traumáticos vividos en el pasado de esta y de otras vidas.

En el caso de los sueños recurrentes, encontramos muchas veces reminiscencias de nuestras vidas pasadas que están intentando abrirse paso para darnos información que alivia y resuelve una situación que no estamos pudiendo. El inconsciente va abriendo grietas, utilizando los sueños una y otra vez, repitiendo las mismas escenas para generar la atención del consciente y que la persona ponga su atención allí.

3) El tercer y último tipo de sueño que se está manifestando cada vez más en esta última década, es vibratorio, y es el encuentro resonante con las almas.

La experiencia vivida durante el sueño es vibratoria, la sensación de haber estado en presencia de esa alma es clara, contundente e innegable. Se capta la experiencia de una manera tan vívida que se recuerda en detalle al despertar. La sensación es de contacto energético y se vive poderosa y conmovedoramente.

Es un fenómeno fascinante donde sentimos con una seguridad irrevocable que estuvimos en presencia de esa otra alma con la que nos encontramos, interactuamos, conversamos y nos despedimos.

Esa alma puede ser de alguien que aún está vivo y que no vemos hace tiempo o que esté desencarnada.

Cuando tienes este tipo de sueño es muy probable que si la persona está viva se comunique de manera sorpresiva, resignificando que el sueño y la conexión de almas fue real.

En el caso de un fallecido la paz sentida al momento del despertar es trascendental, regalándonos mucho bienestar y armonía.

La explicación es que, cuando las almas se encuentran en estos sueños es porque están resonando desde un lugar más intuitivo y en una misma frecuencia vibratoria, entonces se da como si hubieran pactado un encuentro energético.

El inconsciente es muy hábil y juega siempre a nuestro favor, el problema es que no tenemos la información de sus capacidades, ni la práctica de escucharlo o desconocimiento de cuando nos está hablando.

Conocer nuestras capacidades transpersonales nos ofrece una variedad de salidas a muchas de nuestras necesidades de vida, trayéndonos vivencias y sabiduría de la fuente pura, que está latente esperando que abramos los portales para recibirla.

El recorrido de este capítulo abre puertas inimaginables de las capacidades de la mente vasta y carente de límites y cómo hacer para enriquecer nuestra vida con ella.

06

PSICOEMOCIÓN

EL MÉTODO

Vibrar en equilibrio

El cuerpo humano vibra y con este cada parte que lo forma cumpliendo con la función que se le atribuye. Uno de estos componentes son sus órganos que funcionan con una frecuencia vibratoria determinada.

Como hemos visto en capítulos anteriores, esta vibración es parte de un sistema mayor que se interconecta con las vibraciones que provienen de las emociones y de los pensamientos. Las emociones llamadas comúnmente "negativas" vibran más densamente que las "positivas" como la felicidad, plenitud o amor, con los pensamientos encontramos el mismo fenómeno.

Ahora bien, si los pensamientos y las emociones vibran

densamente y se alojan en una determinada parte del cuerpo, por carácter transitivo esta parte —que es materia y vibración, recuerda el átomo— adoptará con el tiempo la misma vibración que los pensamientos y las emociones dañinos que se impregnaron.

La consecuencia de esto se llama "enfermedad".

Los pensamientos que no se pueden comunicar y las emociones que no se pueden expresar se entierran en el cuerpo como dolor, tensión o malestar, y si no encuentra un flujo de salida la densidad terminará afectando el funcionamiento del sistema físico.

Nuestra historia se vuelve carne, todo lo que se entierra en los arcones de nuestro pasado sin ser expresado se manifiesta en el cuerpo.

El cuerpo humano está lleno de electricidad, es un campo electromagnético que fluye continuamente generando energía.

Esta energía, científicamente comprobable, es lo que conforma la famosa "burbuja" que nos rodea, de la cual solemos hablar frecuentemente.

Esta burbuja tiene la medida de nuestros brazos extendidos en círculo y llega hasta los pies. Esa energía es la que solemos preservar, por ejemplo, cuando estamos cerca de alguien que tiene mal humor o está deprimido y que sentimos que puede alterarla y afectar la nuestra. Pero ¿qué sucede cuando la mala vibración y la energía negativa proviene desde adentro?

Este campo electromagnético contiene mucha información y refleja el poder energético de cada persona. Dicho poder está directamente relacionado con los pensamientos y emociones, ya que ambos son vibración, o sea, electricidad. Si estos son negativos, la vibración se vuelve densa, esto provoca la descarga o fuga de la electricidad y el campo decrece en fuerza, perdiéndose el equilibrio necesario para su buen funcionamiento. Esta fuga se traducirá en pérdida del bienestar y la salud.

Ningún sistema puede funcionar adecuadamente si no tiene la carga eléctrica suficiente para mover el sistema y sus piezas.

Esto significa que, si la carga eléctrica del campo es baja, la persona tiene una fuga o drenaje que la desequilibra y no podrá seguir adelante con las acciones a las cuales estaba acostumbrada. Es muy probable que su agenda siga siendo la misma y las exigencias diarias la obliguen a continuar con idéntico ritmo. Al no tener la misma energía se sobre exige para poder cumplir igual que antes. Con el paso del tiempo la sobrecarga de la exigencia es tan alta que el sistema colapsa y con este todas las funciones de esa parte averiada.

Pongamos el ejemplo de un deportista de alto rendimiento, pieza clave para que su equipo gane la liga de ese año. En su vida personal está pasando desde hace meses por un momento emocional crítico, la enfermedad grave de un ser querido y muy cercano.

Ese jugador vale mucho dinero para su club y tiene la obligación de obtener determinados resultados, pero está extremadamente presionado, sus pensamientos intentan desconectarlo del sufrimiento y lo anestesian solo en la superficie, en tanto el rendimiento durante el juego parece no alterarse.

Por dentro, en cambio, las emociones están sobrecargadas de dolor y sufrimiento carcomiendo la energía interna y generando grietas en el contorno del sistema para liberarse del exceso, provocando cansancio crónico, lesiones, cambios en el carácter y, por ende, menor rendimiento físico.

Si desde el exterior no se lo libera de la presión a la que está expuesto el cuerpo colapsará aún más, para hacer un nuevo intento de devolverle el equilibrio, entonces se lastimará alguna parte del cuerpo que lo lleve a hospitalizarlo, de esa manera el síntoma ayuda a bajar el estrés emocional que lo está aquejando. Es el primer impulso del sistema para regularse. Como este jugador vale mucho para el equipo, se trata de recuperarlo lo antes posible sometiéndole a todo tipo de presión para su recuperación física inmediata.

El deportista se incorpora antes de tiempo, y aunque el cuerpo está exigido puede responder. Lo cual continúa sobrecargando más y más su cuerpo mental y emocional. La presión seguirá hasta que colapse y los síntomas agraven su situación llevándolo al límite. Así es como muchos jugadores que resultan promesas quedan en el camino, sin poder responder a la exigencia inhumana a la que están sometidos. Estos límites suelen ocurrir cuando algo en su vida sentimental se desploma, en el caso anterior podría ser la muerte del ser querido.

La conclusión es que el campo energético se deteriora, la experiencia extrema lo "limita" en su acción.

Cuando el estado de salud es normal todas esas ondas están sintonizadas de manera equilibrada, en cambio cuando la frecuencia se altera por razones psicoemocionales, como vimos en el ejemplo del deportista, las ondas que se transmiten en determinadas zonas empiezan a sufrir alteraciones. Con el tiempo esta onda disfuncional produce un cambio en la naturaleza del órgano o sistema del cuerpo.

Por esta razón somos responsables de nuestra salud, somos protagonistas en la elección del "alimento" que incorporamos a través de nuestros pensamientos, actitudes y elecciones, imbuidos todos de emociones.

Hacerlas conscientes y generar los cambios necesarios en nuestra vida provoca que esas ondas se detengan y dejen de alterar el sistema biológico, lo cual restituirá rápidamente el equilibrio y la salud volverá a normalizarse.

Así como somos responsables de cuidarnos de las enfermedades, tenemos a nuestro alcance la oportunidad de revertirlo y **sanar**.

El poder personal de cambiar siempre está en nosotros.

Aquí es preciso hacer la diferencia entre **curar y sanar**.

Cuando una persona se cura es porque pone en manos de un profesional la responsabilidad de guiarlo a través de un tratamiento y así detener el avance de la afección. La cura requiere pacientes, personas que se entreguen a la autoridad e idoneidad de otro volviéndose pasivos.

Sanar, en cambio, es cuando una persona no solo alivia su enfermedad, sino que atiende de modo consciente los aspectos psicoemocionales que operaron para llegar a ese estado disfuncional.

Su trabajo es profundo y en el tiempo. Entiende que, a pesar de la remisión del síntoma, el origen de todo se encuentra en su campo emocional y tiene el compromiso de seguir trabajando para encontrarlo, desactivarlo y lograr la sanación.

La actitud de la persona es valiente, activa, y siente que junto con el profesional son un equipo y están comprometidos a ahondar en su inconsciente lo que haga falta hasta encontrar las causas emocionales que activaron estas ondas que alteraron la biología del cuerpo hasta enfermarlo.

Sanar comprende los aspectos integrales del ser, la cura solo el cuerpo biológico.

Siete *chakras*

En el cuerpo tenemos siete centros de energía que vibran cada uno con su propia frecuencia de onda.

Estos siete centros se conocen con el nombre de *chakra*s, palabra que proviene del sánscrito *"chakram"* que significa círculo o disco.

Voy a conectar cada *chakra* con las partes del cuerpo que están relacionadas para que comprendas mejor su sistema psico-biológico-emocional y tomar consciencia de cómo puedes empezar a interpretar la metáfora con la que habla cada síntoma.

Para lograr nuestra sanación tenemos que aprender a decodificar y encontrar sentido al lenguaje utilizado por el síntoma. Observar cómo se vinculan con lo que nos ocurre a diario y cómo estas manifestaciones se encienden y activan frente a situaciones determinadas, causándonos dolor físico o descarga energética.

Recordemos que somos como el átomo, partícula y vibración a la vez, por lo tanto, advertir el impacto físico que la situación refleja en el cuerpo es uno de los puntos a prestar atención. El otro, la parte sutil de los pensamientos y emociones que lo atraviesan a modo de ondas vibratorias.

Somos seres físicos y energéticos al mismo tiempo. Cuanto antes pongas en práctica esta fórmula mayor posibilidad tendrás de adquirir estas capacidades como una forma de vida que te proporcionará un camino más saludable y consciente. No esperes enfermarte para ponerlo en práctica, comienza hoy mismo a potenciar el poder de sanación que hay dentro tuyo.

El sistema de *chakras* se relaciona con el proceso de maduración del individuo. Están alineados verticalmente de abajo hacia arriba, se localizan desde la base del sacro en la columna vertebral, en donde se encuentra el primero, hasta la coronilla —el punto más alto del cuerpo humano— lugar del séptimo y último. Lo que conlleva la idea de que ascendemos a medida que evolucionamos de lo más terrenal lo más sutil.

A medida que subimos cada *chakra* vamos adquiriendo diferentes capacidades de entendimiento, desde el primero que se relaciona con el vínculo de nuestra familia de origen, la relación de a dos, nuestro entendimiento del yo, la relación de amor con nosotros y los otros, la posibilidad de comunicarla y elegir, la conciencia y la evolución espiritual, entendiendo que somos parte del universo.

Cada uno está relacionado con una zona del cuerpo y con aspectos psicoemocionales. A continuación, voy a describirlos en detalle.

Primer *chakra*

La energía que circula en esta zona del cuerpo es la del poder tribal.

La relación con nuestra familia de origen, clan o tribu, la que nos brinda las enseñanzas relativas al mundo material. No solo se trata de la familia real, sino el arquetipo —patrones que derivan del inconsciente colectivo— que tenemos incorporado de esta.

Se agitan las creencias y mandatos de ese grupo específico, familia o comunidad, activándose también a través de los símbolos que los agrupa, dialecto, bandera, himno, que distinguen al grupo de otro dándole pertenencia e identidad.

Su centro se ubica en la base de la columna.

Las partes del cuerpo que se conectan a este *chakra* son: la columna, el recto, las piernas, huesos, pies y sistema inmunitario. Ello indica que si en cualesquiera de estas partes se manifiestan síntomas tenemos que revisarla para determinar qué se desequilibró en el sistema de creencias, mandatos, familia, tribu, clan o comunidad a la que pertenecemos.

Este punto de partida de la energía vital es la base de los cimientos que conforman la salud emocional y mental de un individuo. Todo se origina dentro de la familia y en el primer entorno social.

En caso de sufrir disfunciones graves en el seno familiar, el individuo puede sufrir diversas enfermedades mentales graves como esquizofrenia u otros tipos de psicosis, trastorno obsesivo compulsivo, depresión, alcoholismo.

El orden y la estructura se construyen en nuestro interior durante los primeros años de vida. Esta energía se percibe por los cinco sentidos y desde allí exploramos. El pensamiento en esta etapa es muy básico, sensorial y perceptivo desde lo tangible, visible y real, en tanto no está muy desarrollada la simbolización.

El aspecto psicoemocional, en esta primera etapa, se relaciona con el individuo y con la necesidad de sustento, techo y abrigo, seguridad física, resguardo de no ser abandonado o echado del clan. Tener la capacidad de defenderse o ser defendido en caso de peligro externo y adecuarse, aceptar y obedecer las normas y leyes impuestas por el grupo de pertenencia.

La idea grupal compartida desde el inconsciente en este *chakra* es "todos somos uno", experimentando y comprendiendo el sistema del que somos parte que nos afecta y al que afectamos. El mensaje que conlleva es que estamos conectados con todo lo que vive, no solo las personas, sino también el ambiente y cada acto influye en dicho entorno y afecta a todos nuestros pares.

Dependemos de ellos para cubrir nuestras necesidades básicas de alimento, techo y abrigo, lo cual se transforma en pertenencia y lealtad a los lazos familiares y tribales, círculos de amistad o laborales. A veces, casi sin sentido común, sino simplemente respondiendo ciegamente desde la pertenencia y lealtad al clan. De aquí el peso y disfunción que pueden manifestarse en las partes del cuerpo antes nombradas en caso de que nos rebelemos a dichos mandatos. Cuando sucede un hecho que confronta al orden del sistema tribal se pone en juego "la sangre" y la persona podría advertir problemas en huesos, pies, recto, ciática. Dolores o afecciones crónicas en esas zonas indican que hay un problema en el clan, la familia o la tribu a la que pertenecemos. Asimismo, puede afectar el sistema inmune, pensemos que la familia simboliza un escudo de protección a lo externo, peligroso y dañino, si hay una separación del grupo faltará esa protección, la defensa contra el enemigo, generando enfermedades autoinmunes.

Igualmente es dañado el esqueleto porque si hay un quiebre en los vínculos de clan se pierde la estructura y la persona se debilita frente al exterior perdiendo su propio eje y sostén.

Los miedos que se relacionan con este *chakra* ponen en juego la posibilidad de supervivencia y autoabastecimiento para asegurar la vida. Se vinculan a las necesidades más básicas del ser humano, al medio ambiente físico y social en que vive sus primeros años.

Nadie comienza su vida teniendo consciencia de individuo, de poseer fuerza de voluntad o poder personal. Solo tenemos registro de estar interrelacionados siendo parte de un grupo con el que compartimos la ética y moral, el código compartido de conducta a llevar a cabo durante nuestro desarrollo brindándoles dignidad y pertenencia a partir de la obediencia debida.

También estamos inmersos en las creencias y costumbres de la tribu, y cualquier acto de rebeldía nos condenará a la exclusión, pudiendo ser abandonados o expulsados del círculo de pertenencia o a ser juzgados deshonrosamente por no seguir las leyes o mandatos familiares.

Segundo *chakra*

Esta energía se vincula a la relación yo-tú. El individuo comienza a madurar y a alejarse de la tribu, clan o familia, para experimentar el poder de sus lazos más estrechos. Se hace visible alrededor de los siete años, edad en que inicia a relacionarse con los pares. La energía pasa de obedecer el régimen tribal a satisfacer sus propias necesidades físicas.

Su centro se ubica en la franja de la pelvis hasta el ombligo y la zona lumbar hasta la cintura.

Las partes del cuerpo que indican alguna posible disfunción relacionada al respecto son los órganos sexuales, el intestino grueso, las vértebras inferiores de la zona lumbar, la pelvis, apéndice, vejiga y zona de caderas.

En la Psicoemoción encontramos la necesidad de experimentar la relación con otros y empezar a practicar la sensación de dominio sobre nuestro entorno físico sin perdernos en el orden estructural del otro.

Se genera el sentido de identidad personal y de construir fronteras psíquicas propias que nos protejan. La puesta a prueba de esta energía y de las capacidades adquiridas se evalúa en la oposición a un otro y se manifiesta a través de las relaciones de pareja, la sexualidad, la creatividad, la capacidad de generar economía de supervivencia, el poder y dominio que ejercemos o del que somos víctimas, la habilidad de valernos por nosotros mismos.

La idea inconsciente que subyace en este *chakra* es "respetarnos mutuamente". Esto conlleva la posibilidad de coexistir sin dominarse o anularse. La puesta en práctica por medio de las relaciones íntimas para posicionarse y fortalecerse, madurando la personalidad, la capacidad de mantener y desarrollar la creatividad para diferenciarnos de lo establecido, el poder del dinero que nos habilita a mantenernos libres e individuales sin perder nuestro libre albedrío.

Esta energía es dual y con esta aparece la idea de energía femenina-masculina, de causa y efecto, entendiendo que por cada acción hay una reacción, igual u opuesta, donde este encuentro con el par conlleva en sí mismo la idea de aprendizaje consciente, de ejercitar, en espejo con otro, las sombras de nuestra personalidad y así poder madurar y evolucionar.

La disfunción del *chakra* afecta principalmente la parte baja de la espalda, el ciático, la sexualidad, los trastornos toco-ginecológicos y puede traer problemas urinarios. Cuando surgen síntomas en estas partes del cuerpo debemos revisar en que área del yo-tú se pudo haber generado algún desequilibrio que afectara lo psicoemocional.

Los miedos se vinculan a la pérdida de dominio adquirido o de un vínculo por el cual hemos ganado experiencia y nos negamos a perder.

Miedo a ser dominado por otro que invade los límites de nuestro yo hasta hacernos perder en su voluntad, socavando la propia.

Algunos de los trastornos que podemos encontrar cuando este *chakra* se encuentra en desequilibrio son las adicciones, el ser víctima de una violación sexual, abandono o estafa por parte de un socio, colegas o pareja.

Otros miedos atañen a no darnos el valor para vivir por nosotros mismos a nivel económico, manifestando dificultades para generar dinero.

Cuando nos lanzamos a ocupar un lugar en el mundo físico

aparecen preguntas existenciales que debemos responder. ¿Soy capaz de ganarme la vida? ¿Soy capaz de cuidarme solo? ¿Soy capaz de encontrar pareja? Poniendo en juego la posibilidad de elección para crear, elegir, ser.

La energía del segundo *chakra* es puramente física, terrenal por eso se corresponde con la idea de inventos, la necesidad de creación, música, arte, poesía, arquitectura, estudio de la naturaleza y la medicina, asimismo, está estrechamente vinculada con la procreación, crear vida.

Tercer *chakra*

Energía relacionada con el poder personal que despierta en la pubertad ayudando al individuo a lograr más individualidad, formar su yo, el *ego,* y una personalidad separada y clara con respecto a sus vínculos cercanos y tribales.

El conjunto de estos tres primeros *chakras* atañan al mundo físico. A partir de aquí la energía adopta un nivel más en la evolución del individuo, volviéndose más energética, vibracional y sutil.

Su centro se ubica en el plexo solar y zona media de la espalda.

Este *chakra* se relaciona energéticamente con el abdomen, estómago, páncreas, intestino delgado, vesícula biliar, los riñones, hígado, glándulas suprarrenales, bazo y parte media de la columna. Si alguna de estas partes se ve afectada es porque algo ataca el poder personal.

Las enfermedades que se manifiestan representan problemas de autoestima, miedo al rechazo, y excesiva susceptibilidad ante la crítica, falta de confianza, seguridad en sí mismo, auto cuidado.

El centro energético media entre la conciencia física vinculada al exterior y su internalización. La pregunta existencial es ¿cómo me relaciono conmigo?

Toda la energía de este centro se canaliza en el poder de madurar, comprendernos y cuidarnos, potenciando la capacidad de llegar a las metas que nos fijamos sintiendo seguridad y confianza en poder alcanzarlas.

La idea inconsciente que subyace es "me respeto". De esta manera fortalezco mi autoestima, logrando respeto propio, autodisciplina, ambición, capacidad para lograr y generar acciones, manejar de manera equilibrada las crisis, valor para correr riesgos, desarrollar mi capacidad de generosidad, ética y fortaleza de carácter.

Algunas de las preguntas que nos podemos hacer para entender cómo se encuentra nuestro tercer *chakra* son: ¿soy capaz o incapaz? ¿Me considero fuerte o débil físicamente? ¿Cómo me defino físicamente, agradable o desagradable?

Las disfunciones físicas correspondientes este *chakra* pueden ser artritis, úlceras gástricas o duodenales, afecciones de colon, problemas en los intestinos, pancreatitis, diabetes, indigestión crónica o aguda, desequilibrios alimenticios —anorexia y bulimia— disfunción hepática y suprarrenal.

Los miedos relacionados con este centro de energía son al rechazo, a no ser aceptado por nuestra apariencia física, a la obesidad, calvicie o vejez, a que otras personas descubran nuestros secretos, a quedar en ridículo, a no cumplir las responsabilidades asignadas, a no confiar en sus propias capacidades para superar problemas.

Esta energía pone en juego al narcisismo, invitando a madurar y a alcanzar un nivel de autoestima más evolutivo, capaz de respetar sus principios, su dignidad y su fe, frente a la posible puesta en duda o confrontación externa sin caer en el enamoramiento de sí mismo.

Cuarto *chakra*

Representa el poder emocional y energético humano.

Se ubica en el centro del pecho, en el corazón, con lo cual media entre el cuerpo terrenal y el espiritual, ya que divide el cuerpo en parte iguales.

Determina la fuerza y la salud. Su naturaleza es emocional, significa la lección espiritual de manifestar amor y compasión.

Este *chakra* energéticamente abarca el corazón, el aparato circulatorio, las costillas, pechos, timo, pulmones, hombros, brazos, manos y diafragma.

Cualquier afección emocional grave hará impacto directo en estas partes del cuerpo como el odio, el resentimiento, la amargura, el egocentrismo y la soledad, desafiando a la persona a superarse, a madurar y elevarse mediante el perdón y la compasión para alcanzar una vida llena de esperanza y confianza.

El trabajo para evolucionarlo es aprender del dolor emocional y la necesidad, entendiendo que se trata de liberarnos del sufrimiento a fin de caer en manos de la experiencia de vida y comprender que las cosas siguieron el curso que debían para que vivamos lo que teníamos que vivir. Para lograrlo es fundamental desarrollar el sentimiento de perdón, sin el cual quedamos atados al sufrimiento y al rencor.

La diferencia con el tercer *chakra* es que aquí en lugar de centrarnos en los sentimientos hacia nosotros mismos, la energía se dirige hacia nuestro mundo interior, en relación emocional a nuestros pensamientos, ideas, así como en la atención que prestamos a las necesidades emocionales. Este grado de compromiso con nuestro interior es un factor esencial para entablar relaciones sanas con los demás. Sin este paso, se proyecta en otros la propia herida sin poder verlos objetivamente, lo único que se repite es el vínculo con el espejo que nos refleja, imposibilitando la relación con ese otro, ya que no existe, porque el dolor nos enceguece.

Un corazón herido es como "un alma en pena", una persona que queda viviendo en su sufrimiento sin poder fortalecerse y reposicionarse, teniendo la sensación de estar solo en los momentos clave de la vida, perdiéndose en el vacío existencial. Los aspectos psicoemocionales que vimos en este libro conducen al individuo a superar la soledad, el odio, el resentimiento o amargura de una situación para entender el para qué de lo vivido, en qué lugar se ubicaron, cuan fiel fueron a sus sentimientos, y cómo se pusieron en marcha los recursos para superar el escollo.

Toda la capacidad de esta área se pone en juego para activar las emociones, a mayor cantidad de sentimientos más será la elasticidad del corazón para superar situaciones. Este es el verdadero sentido del cuarto *chakra*, movilizar el campo emocional sin sucumbir ante el sufrimiento. Esto dará a las personas el poder más grande que puedan tener, la capacidad de desarrollar su amor incondicional.

La idea que subyace en el inconsciente y es compartida en este *chakra* es "confiar en el amor y su fuerza infinita" como fuente de transformación del mundo emocional. No nacemos expertos en el amor, sino que pasamos nuestra vida aprendiéndolo y por eso vivimos desencantos, con dolores y vacíos para poder fortalecernos y seguir.

El amor es el combustible de nuestro cuerpo físico, nos motiva, inspira y sana.

La disfunción de este *chakra* provoca afecciones coronarias que simbolizan una herida en el corazón —literal— o fallas en el rendimiento cardíaco, manifestado en "se me paró el corazón". Cáncer de mamas, en el exceso de nutrición, sin poner límite a la entrega del amor a otros, quedándose vacía de amor personal. Neumonía bronquial, prolapso de la válvula mitral, afecciones o lesiones en los hombros y parte superior de la espalda, por sostener situaciones o la vida de otros, sobre el propio cuerpo.

Los miedos principales son a la soledad, al vacío, al compromiso, a "obedecer al corazón", a no tener la capacidad de protegerse emocionalmente y preservarse quedando debilitado, a vivir una traición emocional, a la pérdida de energía cardíaca provocada por celos, amargura, rabia, odio e incapacidad de perdonar y dejar ir, entendiendo que la experiencia de vida cumplió su tiempo y que debíamos compartir esa relación de amor y dejar ir, capitalizando el aprendizaje adquirido.

Para superar los aprendizajes que nos da este *chakra* es fundamental comenzar por sanar nuestro niño herido, que contiene traumas y heridas primarias que generan ese espiral distorsionado de realidades que llenan de sufrimiento. Si no nos damos cuenta perpetuamos la herida, transformando, por ejemplo, el abandono en celos o posesión, el abuso sexual en una sexualidad disfuncional, la falta de atención, incontinencia verbal o arrebatos de ira. La imagen negativa que tiene un niño de sí mismo puede proyectarse más adelante en adicciones o trastornos de alimentación, todas estas heridas afectan las futuras relaciones afectivas, la vida personal y la salud.

El camino hacia un corazón poderoso los hemos transitado aquí, en este libro que nos invita a conectar con nuestro sentir, identificarlo y entender en qué momento se pone en juego, cuánto poder tienen estas heridas hoy por hoy y de qué manera se activan, para poder salir del rol. En el momento que identificamos esto en el cuerpo debemos darle el tiempo necesario para sentir su sensación hasta que se diluya y todo se calme nuevamente.

Quinto *chakra*

Se relaciona con el poder de la voluntad. El punto máximo a alcanzar es la entrega total de nuestra voluntad personal, para ser canal de la voluntad universal en bien de todos. Estos tres últimos *chakras* se conectan con el orden divino y espiritual, poniendo al ser humano en contacto con el todo, la trascendencia y la entrega.

Su centro se ubica en la garganta.

Energéticamente se conecta con la garganta, tiroides, tráquea, esófago, paratiroides, hipotálamo, vértebras cervicales, boca, mandíbulas y dientes.

Al representar nuestro aprendizaje en el "poder de elegir",

todas las enfermedades relacionadas ponen en juego la elección.

El desafío que propone este grado de evolución energético es progresar desarrollando la maduración de la voluntad, comenzando por la percepción del todo material, luego la personal individual, para darle paso a la espiritual.

Los aspectos psicoemocionales que pueden verse afectados y debilitados son la incapacidad de decidir sobre nuestras elecciones, deteriorando la fuerza de voluntad, disminuyendo con el tiempo la capacidad de expresión y comunicación. Esto deriva en la pérdida de esperanza y la posibilidad de seguir nuestros sueños.

La idea subyacente que compartimos inconscientemente es "soy instrumento de tu voluntad", aquí el ser humano tiene la difícil tarea de poner a un lado sus voluntades por sobre las del bien común, hacer a un costado las elecciones que solo lo benefician individualmente para elegir las que favorecen a todos.

Las fuerzas principales que comandan este *chakra* son la fe — ya que requiere de una entrega a la creencia de algo superior al propio ser— el conocimiento propio y la autoridad personal, la capacidad de tomar decisiones.

La conciencia que trae el quinto *chakra* es que cada elección que hacemos, cada pensamiento y sentimiento que tenemos, cada acto de poder tiene consecuencias biológicas, medioambientales, sociales, personales y mundiales. Somos responsables de nuestro aporte energético al entorno que habitamos.

La disfunción del *chakra* se manifiesta en síntomas como la ronquera, la disfonía, la afonía, la irritación crónica de la garganta, úlceras bucales, aftas, afecciones en las encías, afecciones temporomaxilares, escoliosis, laringitis, faringitis, inflamación de ganglios, trastornos tiroideos. Frente a la aparición de cualquiera de estas manifestaciones físicas las preguntas que surgen son ¿qué no estoy pudiendo manifestar? ¿Qué no estoy pudiendo elegir?

El miedo que se manifiesta aquí se corresponde con el resto de los *chakras*, llevándonos a la pregunta de si tenemos o no la voluntad para alcanzar nuestros sueños. Si somos capaces de comunicar lo que sentimos sin miedo a perder vínculos, posición social, seguridad económica. Si estamos preparados para soltar el control que nos da falsa seguridad en pos del fluir espiritual. Este concepto que parece tan sencillo nos lleva décadas superar. Solo unos muy pocos logran entregarse a la frase **"suelto y confío"**.

Sexto *chakra*

Es la energía que se conecta con el poder de la mente. Las capacidades mentales, el razonamiento y la habilidad psíquica de evaluar las creencias. El *chakra* mental representa las energías de la *psique*, las fuerzas conscientes e inconscientes. Está relacionado con el tercer ojo, lugar que, para los orientales, representa el centro espiritual que lleva al individuo a una visión y sabiduría intuitivas.

Se ubica en el centro de la frente entre las cejas.

Este *chakra* se vincula energéticamente con el cerebro, el sistema neurológico, el sistema nervioso central, la glándula pituitaria y pineal, los ojos, oídos y la nariz.

Cualquier disfunción en estas partes del cuerpo nos lleva a las preguntas de ¿cuán cierto es lo que sabemos y creemos que es cierto? ¿Dónde comienza y termina la realidad? Removiendo miedos existenciales y experiencias transpersonales que muchas veces hacen que nos perdamos en laberintos inentendibles.

En este centro de energía se ponen en marcha las lecciones que nos conducen a la sabiduría. Llegamos a ella a través de la experiencia en este plano adquiriendo de a poco una capacidad de percepción sutil que nos habilita nuevas realidades más allá de lo fácticamente comprobable. La visión espiritual se propone como un estado mental que trasciende las influencias de la mente personal y nos conduce al poder y percepción profunda de la mente impersonal, abierta, receptiva y universal.

Los aspectos psicoemocionales que se activan conducen a la autoevaluación como individuos inmersos en un universo, la búsqueda de la verdad, el desarrollo de las capacidades intelectuales, la consciencia de ella, la madurez en la receptividad de las ideas contrarias a las nuestras, enriqueciendo o poniendo en dudas las propias, la capacidad de aprender de las experiencias y la inteligencia emocional.

La idea inconsciente que subyace en este *chakra* es "buscar la verdad". Esto nos impulsa a discernir entre verdad e ilusión, las dos fuerzas que coexisten en todo momento. Separarlas es una tarea de la mente superior, no del cerebro, recordemos que el segundo, gobierna el comportamiento del cuerpo físico pero la mente lo hace con el cuerpo energético que es la relación con el pensamiento y la percepción del ser con el todo. El cerebro conecta el pensamiento con la acción, pero la mente con la toma de consciencia. Al hacerlo la persona es capaz de distanciarse de sus percepciones subjetivas y ver la verdad objetiva o el sentido simbólico de la situación. Esta claridad de mente y del yo es la esencia de la sabiduría y, por lo tanto, uno de los poderes divinos de este centro de energía.

Disfunción del *chakra* puede derivar en un tumor cerebral, un derrame, embolia, accidente cerebrovascular, ceguera, sordera, trastornos en la columna vertebral, problemas de aprendizaje, ataques de epilepsia.

Los miedos que aparecen son la resistencia de tener una mirada consciente interior para desenterrar los propios bloqueos y heridas, a la verdad universal, acotándonos a una razón parcial que limita nuestra mirada a lo subjetivo, a la disciplina, al propio lado oscuro, sus poderes y atributos.

Las capacidades que encontramos al desarrollar nuestra mente nos brindan habilidades intelectuales, evaluaciones de las percepciones conscientes e inconscientes, receptividad para la inspiración, la generación de grandes actos de creatividad y razonamiento y le abre paso a la intuición y la madurez de nuestra inteligencia emocional.

La mente le da paso a lo sutil y se potencia, complejiza, pudiendo llegar a verdades que antes no hubiera podido. Al soltar lo empírico se multiplican sus capacidades.

La consciencia que nos regala abrazar la energía de este *chakra* es la capacidad de soltar lo viejo, la falsa seguridad y abrazar lo nuevo con el entendimiento de que son experiencias y como tales tienen fin y a partir de ese final aparecen otras nuevas. De interpretar el cambio constante y liberarnos de lo estático para incluir el concepto de "eterno movimiento" como parte del fluir inexorable de la experiencia.

Tomar plena consciencia de este *chakra* significa **vivir por completo en el presente**, soltando pasado y futuro. Confiar

más en lo que no se puede ver que en lo que sí se puede.
Despertar la visión del guía interior, renunciando a la prueba
visible de los hechos.

Séptimo *chakra*

Representa el poder espiritual. Se conecta con nuestra
naturaleza espiritual y con la capacidad de incorporar
espiritualidad a nuestra vida permitiéndole que nos guie. Está
relacionado con la búsqueda de un lazo íntimo con lo divino.
El portal de acceso es la meditación, contemplación y oración
para abrir nuestra conexión con lo trascendental y
transpersonal.

Su centro se ubica en la coronilla.

Es la puerta de entrada a la fuerza vital humana que se
derrama continuamente en el sistema energético proveniente
del macro universo, de Dios o la fuente. Esta fuerza nutre el
cuerpo, la mente y el espíritu. Este *chakra* se relaciona
energéticamente con el sistema nervioso central, muscular y la
piel.

La conexión con lo psicoemocional potencia la inspiración,
las ideas trascendentales y místicas, la devoción, la sublimación,
los pensamientos inspiradores y proféticos.

Contiene en sí misma la energía pura, utiliza como lenguaje
la oración, la contemplación y la meditación, desarrollando aún
más nuestra capacidad metafórica y simbólica.

Es el centro de energía que abre el acceso al conocimiento
superior, la visión trascendental, la intuición espiritual, la
conexión con otras dimensiones, el dominio místico

brindándonos una sensación de pertenencia con lo Divino.

El equilibrio y desarrollo de este *chakra* nos potencia lo psicoemocional en nuestra capacidad de confiar en la vida, desarrollar propios valores y ética, en la calidad humana y el altruismo, en engrandecer la generosidad, tener una visión global y neutra de las situaciones, engrandecer nuestra fe inspiración y cuerpo espiritual.

La idea subyacente que compartimos es "soy el todo y el todo es parte de mí", esta consciencia nos mueve a desear una conexión con lo Divino en todo lo que hacemos. Este deseo es muy distinto al concepto religioso porque es una experiencia de grupo, cuya finalidad es protegerlo y lograr identidad entre sí, en especial de las amenazas físicas externas. La espiritualidad, en cambio, es una experiencia individual orientada a liberarnos de miedos del mundo físico y buscar una estrecha relación con lo Divino. Esta búsqueda conmueve nuestro Ser en donde la sensación íntima a alcanzar es la pertenencia con esa energía trascendental, divina, infinita, poderosa y universal.

Los miedos que se experimentan son el abandono espiritual, la pérdida de identidad y conexión con la vida, las experiencias místicas y los poderes ocultos de la oscuridad.

Si este *chakra* está desequilibrado encontramos la muestra sintomática en los trastornos energéticos como la depresión, el agotamiento crónico, la sensibilidad extrema a la luz, el sonido y a cualquier otro factor ambiental. Los problemas de la piel que simboliza todo aquello que limita al ser de su posibilidad de fusionarse y volverse uno con "la fuente". La piel es nuestro borde y marca un límite con el otro y con el mundo que le rodea. Si se lastima o vulnera manifiesta las dificultades en detener las fuerzas externas imaginarias o simbólicas que representan una amenaza potencial desde nosotros mismos, desde el propio ser, creencias y empoderamiento individual de las fuerzas.

La experiencia a la que nos invita este centro energético es a la sensación de perder el borde, trascender los límites de la propia humanidad para ser parte de la grandiosidad de los Divino, aceptando las elecciones que hicimos y liberándonos de la sensación de que las cosas podrían haber sido de otra manera.

La aceptación es necesaria para liberarnos de todo lo que nos conecta a la materia, a lo físico, lo fáctico y empírico. Una vez aceptado, soltamos y podemos desplegar las alas del alma en un vuelo sin límites donde nos fusionamos con el todo y entendemos al fin que lo que nos limitaba era la conexión con lo tangible. Al soltarlo abracamos **el todo** y nos volvemos parte de este.

Hemos hecho un pasaje por todos los centros energéticos de nuestro cuerpo físico, mental y espiritual para entender las conexiones y saber que, cuando sentimos disfunción o síntoma físico podemos buscar a que *chakra* pertenece y qué se nos está poniendo en juego a nivel psicoemocional. A partir de allí seguir utilizando el resto de las herramientas para volver a nuestro equilibrio.

Hipnosis

Hasta aquí hemos compartido los testimonios de pacientes, sus recorridos en esta modalidad terapéutica y sus procesos de sanación.

Ahora considero fundamental brindarles las herramientas principales para lograr dicho objetivo, la hipnosis y la visualización de imágenes. Ambas pueden ser utilizadas indistintamente porque logran franquear las barreras represivas, pasando al inconsciente.

El paciente se entrega confiado a la guía del terapeuta. No hay posibilidad que nadie sea hipnotizado si no lo desea, ni quien tenga el poder de controlar a otro a través de esta herramienta.

Se logra distrayendo la atención conciente de la persona para llevarla a un nivel más profundo de consciencia. Se realiza mediante la observación fija de un objeto o la relajación del cuerpo y la visualización de imágenes.

Tiene tres estados, leve, medio y profundo.

Leve es aquel en donde nuestra concentración es tan intensa que los ruidos exteriores y otros estímulos no nos distraen, aunque los percibamos. Estos momentos se experimentan sin querer cuando viajamos en colectivo, estamos manejando y no sabemos cómo llegamos a destino, como si fuéramos autómatas. Andando en bicicleta, pintando, esculpiendo o en manifestaciones de arte que nos concentran en un estado alterado de consciencia. Perdemos atención y nuestros pensamientos "flotan".

En todos estos casos entramos en el llamado estado *alfa* una frecuencia cerebral más profunda que el estado de vigilia en donde no estamos del todo presentes en la realidad, no obstante, tenemos una parte conectada y atenta.

La hipnosis en estado medio es aquella por la cual llegamos a mayor profundidad del inconsciente, corresponde a una frecuencia cerebral entre *alfa* y *theta*. La sensación es como si estuviéramos meditando, vulneramos las barreras represivas y dejamos aflorar el inconsciente sin estar limitados por la lógica, el espacio y tiempo.

En este estado nos conectamos a la malla universal, al inconsciente colectivo, podemos recibir soluciones creativas, vaticinar hechos futuros, encontrar claves a nuestros problemas, percibir el estado emocional de otras personas, enfermedades, reequilibrar energías. Comprendemos desde un lugar más amplio de conciencia, más abarcativa de los límites que nos impone la razón, potenciando todas las capacidades de nuestra mente más allá del 15% que utilizamos comúnmente.

Este es el estado que utilizo para trabajar con mis pacientes, accediendo al inconsciente para lograr la curación.

La hipnosis profunda es el estado en que una persona tiene amnesia de todo aquello que sucedió mientras fue hipnotizado. Son personas muy sugestionables, entre el 7% y 10% de la población. Suelen ser elegidas para los espectáculos de teatro, logrando estados catalépticos, se ponen rígidas como una tabla sostenidas solo por los respaldos de dos sillas, las hacen imitar animales poniéndolas en ridículo frente al público y al despertar no saben que hicieron, donde estuvieron, ni que sucedió.

En esta frecuencia cerebral la capacidad de supervivencia y autopreservación se pone alerta, si el hipnotizador le da una consigna que atente contra su bienestar o su propia vida el hipnotizado la ignora, aunque luego no tenga recuerdo de lo sucedido.

En esta terapia se aplican los tres estados hipnóticos porque ayudan a revivir situaciones traumáticas y a desanudar conflictos. Cuando una persona llega al estado de hipnosis profunda se suele grabar las sesiones para que pueda participar de lo vivido o antes de ser despertada se le da la consigna de recordar la experiencia.

Lo productivo de trabajar en estas frecuencias cerebrales a nivel terapéutico es que el paciente baja sus barreras defensivas, entonces consciente e inconsciente se conectan reviviendo una época pasada, al mismo tiempo que reconoce estar en el aquí y ahora con el terapeuta que lo está guiando y es por eso que al salir del estado hipnótico recuerda todo lo vivido y sentido — salvo en casos de estado hipnótico profundo.

Esto es lo que resulta terapéutico y tan curativo que la persona confronta lo sucedido en el pasado con la vida actual y entiende porqué actúa de determinada manera o porqué provoca en su cuerpo ciertas dolencias y síntomas. Evocar y vivenciar las emociones padecidas juega como desactivador de las emociones que se multiplicaron y sumaron a partir del trauma.

En los tres estados de hipnosis las regresiones son efectivas, ya que bajan los niveles de estrés y hacen conscientes las emociones sentidas y vividas en dicha situación traumática.

No es necesario que el paciente recuerde lo vivido, el inconsciente registra los cambios y opera en consecuencia.

Muchos pacientes olvidan o descreen de estar transitando sus vidas pasadas y no por ello es menos efectivo el trabajo, ni atenta contra la cura.

Trabajé con personas que eran reacias y no creían en nada que no fuera empírico ni se expresara sin la palabra de por medio y la posibilidad del análisis racional de las situaciones. Para ellas, sus trabajos fueron producto de la imaginación, sin embargo, el resultado de las sesiones fue positivo, aliviador y los síntomas remitieron de todos modos.

No importa comprobar si lo que se vive es o no real, los resultados ocurren igual. Por otro lado, si no fuera real y solo producto de la imaginación los síntomas no desaparecerían o lo harían por un tiempo para luego regresar.

El inconsciente abre paso para que salga la información comprometida con la enfermedad o el trauma que se sufre en el presente. Ello nos lleva a la vida correspondiente, una vez allí hay que acompañar al paciente por los hechos más importantes de esa vida, hasta encontrar la conexión con los síntomas actuales.

El proceso es similar cuando la regresión es dirigida hacia los episodios de la infancia. Se reviven, se descifran y reordenan para que al desafectivizarse liberen a la persona del peso del trauma.

Visualización creativa

Es una técnica cognitiva que utiliza la imaginación para crear las escenas de lo que queremos en la vida y dibujar la película que nos acerque a nuestras metas.

En el caso de la Psicoemoción utilizo la visualización creativa como herramienta porque nos ayuda a simbolizar imágenes, a partir de las cuales podemos sacar conclusiones como si guiáramos a la persona a vivenciar lo que está imaginando.

Esto tiene un efecto parecido al estado de sueño sin llegar a la frecuencias *delta*, lo que nos resulta útil para que el hemisferio izquierdo esté despierto y conectado a fin de traducir y captar las emociones, sensaciones o percepciones que le envíe el inconsciente. Como si pudiéramos dirigir a la persona a través de sus sueños para entender de qué está ocupándose su inconsciente en ese momento, escucharla y compartiendo la metáfora con la que se expresa, darle curso al bloque de emociones que se encuentra allí.

La visualización de imágenes es una excelente herramienta, que **potencia nuestro poder personal**, convirtiéndose en una gran fuerza creativa, ya que nos acerca a la posibilidad de darle curso a los sueños, a partir de la creación de escenas en donde se está plasmando, pudiendo ver si hay algún obstáculo para lograrlo o algo que detiene la posibilidad de llegar a la meta. A medida que vivenciamos la experiencia el inconsciente tiene la puerta abierta para decirnos y mostrarnos cuál puede ser esa traba y entonces resolverlo.

Los occidentales tenemos muy estimulado el sentido de la vista por eso decidí que sería la herramienta por excelencia que me permitiría abrir las compuertas del inconsciente con gran facilidad.

Eligiendo el cuadro y la imagen de su preferencia conduzco al paciente a habitarla, que vaya decorando el espacio con lo que le va apareciendo.

En esa película que está vivenciando y, por lo tanto, sintiendo, su inconsciente simboliza emociones escondidas que brotan con gran facilidad en la mayor parte de los casos.

Cada encuentro hace que la persona se encuentre más permeable a alcanzar dichos archivos y emociones, ya que la confianza va creciendo y el bienestar de cada sesión la invita a que la entrega sea cada vez mayor.

El inconsciente se expresa simbólicamente, con lo cual esta herramienta nos regala información de riqueza única.

Una vez que propongo una imagen, por ejemplo, un camino, que lo describa y conecte con lo que siente. Luego invito al paciente a caminar, diciéndole cuando pasan unos minutos que encontrará una casa, luego que la describa y me diga cómo se siente allí.

De esta manera tengo la posibilidad de despertar la imaginación de la persona o dejarla que vaya aportando por sí misma las escenas sucesivas armando su propia historia. Eso depende de si es necesario que la persona me lleve por sus caminos mentales o si requiero encontrar determinada información, entonces tendré que guiarla.

Lo **fundamental** a cada paso es: a) que describa lo que ve o percibe, y b) que la relacione con la emoción o las emociones que siente. Es importante que se detenga a sentir la emoción hasta que descargue la mayor parte de la energía que se encuentra allí para luego pasar a la otra.

De esta manera la energía emocional que provoca el bloqueo drena y al desaparecer, el evento de la vida real que se encontraba trabado, recupera el flujo continuo y la situación se resuelve mágicamente, es así como se siente.

Me fascina recibir, a la semana siguiente, a los pacientes con una sonrisa contándome que se resolvió milagrosamente un hecho de sus vidas que tenía años trabado: lograron hablar con su jefe naturalmente sin temerle, pasaron fácilmente un examen que antes los aterraba, se enfrentaron al padre contándole su sentir luego de 40 años, lograron ponerle fin a una relación de pareja que los sometía y desvalorizaba, sanaron un duelo que les causaba un dolor inmenso después de 27 años.

De estos milagros escucho semanalmente y son los que riegan mi alma de felicidad y esperanza en que cada vez más personas pueden acceder a esta técnica psicoemocional para llevar la "magia" a sus vidas.

Valientes, no pacientes

Siempre me resistí al concepto de "paciente", si buscamos su significado es una persona que implica o denota paciencia, persona enferma que es atendida por un médico o recibe tratamiento.

También me suena a "pacer", comer —el ganado— el pasto para alimentarse.

¿Qué tiene esto que ver con las personas que vienen a mi consulta? Debo decir que nada.

Trabajo en equipo con personas que son absolutamente protagonistas de sus vidas y están dispuestas a realizar un arduo y comprometido trabajo personal, dejando todo lo que tienen a un lado, rompiendo barreras represivas utilizando hipnosis, internándose en sus emociones más profundas y dolorosas para desactivarlas y poder liberarse, entonces resulta que se encuentran muy lejos de "pacer".

La etiqueta que conlleva el diagnóstico es algo tan nocivo como utilizar la palabra paciente, reconozco que lamentablemente no hay otra más adecuada y, a veces, decir "las personas que vienen a consulta, o las personas que vienen a verme", se hace un poco extenso y engorroso y no tengo otra opción, no obstante, esa es la única vez que la utilizo por fuerza mayor.

Considero que es algo negativo que les agrega un peso más para trabajar. Las personas llegan muy angustiadas con sus etiquetas y diagnósticos, desahuciadas, a veces muy enfermas, sin más fe, intentando dejar de ser "depresivas", *borderline*, o "bipolares" para ser entendidas y acompañadas en el camino que les toca experimentar, a veces muy difícil y empantanado, necesitando que alguien las atienda como personas, haciendo lo posible para sanar heridas de toda una vida, fortaleciéndoles los recursos, connotándolas positivamente y dándoles ánimo para comenzar la ardua tarea de protagonizar su trabajo personal.

Entiendo que los diagnósticos los utilizan los médicos para ordenar los pasos a seguir y son necesarios. Pero yo no soy médica, soy psicóloga y elijo no utilizarlos, salvo cuando es estrictamente necesario para presentar un informe determinado o en casos donde tengo que trabajar junto con un psiquiatra.

De toda esta explicación parte el título "valientes, no pacientes".

Las personas con las cuales trabajo son valientes, las admiro porque se requiere mucho coraje para "hacerse cargo", para entrar hondo en el dolor, las heridas, sentir la magnitud que tiene el vacío que provoca la soledad, el frío de la muerte y la desesperación del miedo. Sin embargo, nadie muere en el intento, al contrario, se fortalecen hasta volverse invencibles, vaciándose de esa energía densa que está asociada a todas las emociones exploradas hasta sentir la liviandad lograda en cada sesión, cada vez que salen de mi consultorio.

Por eso me pareció importante ofrecerte las experiencias de personas que trabajaron conmigo y que amablemente se tomaron el tiempo de poner en palabras sus vivencias, dándome el permiso de compartirlas en este libro.

Considero que es importante leer estos testimonios tal y como me fueron enviados para que entiendas de qué se trata mi trabajo.

E.Z. 43 años. Transcripción literal.

Mi experiencia fue increíble, llegué a ella después de un secuestro, no sabía bien a qué iba, me la habían recomendado mucho y en el estado de shock en que me encontraba necesitaba hacer algo para estar mejor. En cuanto la conocí, lo primero que me impactó fue la calidez con la que me recibió, su seguridad me iba mostrando que estaba calmada y convencida de que podría ayudarme. A los pocos minutos de comenzar la charla, me dijo —*Bueno, vamos a trabajar* —se trataba de acostarme, relajarme y meditar, algo que nunca había hecho, repasando las vivencias traumáticas— *porque para conversar lo haces con tus amigas.*

Ese fue el comienzo, la terapia duró solo unos tres meses, decidí entregarme desde el primer instante.

Pasamos por vivencias que casi no recordaba y, sin embargo, se iban despertando, aparecían una tras otra y se unían revelando secretos guardados en mi inconsciente. Era increíble, ella me hacía sentir, sentir la emoción en el cuerpo, era impresionante lo que sucedía, día tras día me sentía más liviana, más feliz, más liberada. Fue inexplicable lo que me sucedió a partir de allí, fue conocerla y decir ¡YA ESTÁ! La vivencia no admite descripción alguna, para sintetizar ¡COMPRÉ CALIDAD DE VIDA! Sus devoluciones fueron absolutamente ¡¡¡impecables y acertadas!!! No podría volver a vivir de otra manera. Estoy inmensamente agradecida por haberla encontrado.

E.Z. vino a verme muy confiada, aunque no sabía mucho de qué se trataba la terapia.

La persona que me había recomendado le dijo que yo era la persona indicada para ayudarla, eso siempre asiste porque lo más importante de un trabajo en equipo es la confianza, empatía y el cariño que nace entre esas dos personas. El trabajo es arduo y la entrega es fundamental para poder avanzar. E.Z. salió increíblemente rápido de la situación traumática, solo llevó un par de sesiones para que superara el motivo de consulta. Luego nos adentramos en su historia con los hombres, no había tenido muy buenas experiencias, había sufrido abandono, estafas, y eso la marcó exacerbando la desconfianza. La había transformado en una mujer muy trabajadora y muy cerrada en mostrar sus sentimientos. Después de tres meses de comprometido trabajo, ya había recobrado la energía de todo su cuerpo, al principio sus piernas estaban heladas, ella decía que padecía mucho el invierno y se las tapaba para dormir hasta en verano. Cuando las personas no regulan la térmica del cuerpo muestran que hay una seria falla en el enraizamiento, o sea la conexión que tienen con su vida, su aquí y ahora, y la energía vital que proviene del suelo.

Las personas somos como los árboles, tomamos la principal fuente de energía de la tierra, necesitamos tener arraigo, raíz, conexión con las piernas y pies para tener una marcha firme y un paso seguro.

Lo que parece ser un simbolismo es una realidad, y cuando hago alguna meditación en que la persona se imagina un árbol y visualiza su tronco y raíces, automáticamente comienza a sentir fuerza, seguridad y firmeza, eso luego se traslada a la personalidad. Basta con despertar la sensación a través de la visualización para que posteriormente se identifique con ello, lo haga carne, lo vivencie y grabe en el propio cuerpo.

Un maravilloso recurso que tenemos y podemos utilizar cuando deseemos.

Otro punto era que no podía tomar Sol porque se manchaba. Su piel era como la porcelana, muy sensible, y se apenaba porque adoraba estar bronceada. Después de dos meses de trabajar el dolor sufrido frente a la "exposición" con el otro que le había infringido tanto dolor, le dije que podía tomar Sol, que lo hiciera paulatinamente y lo fue logrando sin problema, su piel no volvió a mancharse.

La piel es nuestro límite con el otro, "exponerse" a otros le trajo mucho sufrimiento y se vio afectada por el exceso de sensibilidad sufrido ante el dolor que el otro le provocó. Exponerse ya no era un problema.

Sus vínculos mejoraron y mucho. Logró ver con claridad cuando un hombre no era coherente entre lo que decía y hacia y no volvió a ser engañada.

Algo que desarrolló de manera brillante fue su intuición, cuando las personas trabajan su cuerpo emocional y logran madurar, limpian el canal de acceso a lo sutil y este era el caso,

fue una de las personas con un canal de percepción más intenso
que conocí.

N.J. 49 años.

Llegué a Claudia muy angustiada por la situación familiar en la
que vivía, me sentía inferior, no querida, no respetada. Estaba
consternada porque no encontraba salida al círculo de
violencia en el que estaba metida. Mi pareja se había vuelto
muy agresivo y oprimía también a mis hijos. La vida familiar se
había transformado en un infierno.

En el trabajo con ella encontré la salida, fue uno de los pilares
para poder cortar ese círculo vicioso y enfermo en el que había
caído. Aprendí a quererme, a escucharme, y a ver todo desde
otro punto.

Había recuperado el disfrute de mi trabajo, conseguí
separarme y restituir la paz con mis hijos.

Obviamente tuve empatía desde el primer momento porque
es un ser que transmite paz, luz y tranquilidad. Sabe escuchar,
interpretar y enseñar.

Confié totalmente en ella porque iba con excelentes
referencias y fue como me habían dicho. Encontré un ángel
que me ayudó y guio.

Fue espaciando los encuentros y sentí que me iba soltando la
mano, y aunque yo no quería, logró hacerme entender que ya
estaba en condiciones de "volar". Al irme me sentí
"graduada", me ayudó a reencontrarme. A volver a ser yo
como el Ave Fénix. ¡Resurgí!

N.J. es una mujer que hoy vive con mucha fuerza y determinación. Cuando llegó estaba devastada, totalmente perdida de su eje, creía que la vida que llevaba era lo único que merecía. Su vida en pareja había ido de mal en peor, cada vez elegía hombres más violentos. Su autoestima era frágil, las mujeres violentadas terminan creyendo que son las responsables de lo que les sucede. Su padre había sido un hombre distante y severo, su madre sometida a él. Sus hijos estaban inmersos en el caos diario en el que vivía con su pareja, su hijo mayor, adolescente, había perdido totalmente el rumbo, mostrándose rebelde y contestatario. No estudiaba ni tenía interés en hacer nada útil de su vida. La única manera que ella había encontrado de equilibrio era enviarlo de tanto en tanto con su tía para evitar más confrontaciones familiares. La desvalorización es algo que muchas veces se vuelve parte del sistema familiar y se va trasmitiendo de generación en generación. Aunque los hijos puedan mostrarse reactivos al opresor y a otros adultos repiten lo mismo con sus propias vidas, padeciendo una personalidad frágil frente a sus pares.

El trabajo llevó ocho meses de sesiones quincenales ya que viajaba una larga distancia para hacer sus sesiones, las asumía con gran compromiso y no dudaba en sumergirse una y otra vez en sus dilemas, sufrimientos y vivencias. Siempre se mostró muy comprometida y empática para atravesar todo lo que le proponía. La entrega era total. Era muy ágil para captar las premisas que le daba y muy aplicada para hundirse en su dolor y así liberarse de todo lo que la oprimía.

Se iba cada vez convencida que pondría a prueba todo lo que habíamos conversado para no caer en la patología de su pareja, y que lo sostendría en el tiempo, reconozco que me sorprendía la capacidad y fuerza con la que sostenía su accionar.

Poco a poco fuimos trabajando tan positivamente en su autoestima que logramos que su pareja dejara el hogar por voluntad propia. Para un violento hace falta una víctima, alguien que reciba esa violencia y ella ya no ocupaba más ese rol, ya no se lo permitía.

Fue un placer trabajar juntas, no es fácil salirse de estas fórmulas psicopática, pero juntas fortalecíamos cada vez más su confianza, el amor por sí misma y su entereza.

Hoy es una mujer plena, se encuentra en pareja con un hombre muy dulce y contenedor que la acompaña respetando su independencia e individualidad. Tienen otro hijo y lograron sanar el vínculo con el hijo mayor que se volvió muy cariñoso, fue madurando en un nuevo contexto familiar, de más respeto y autoestima y comenzó de a poco su propio camino de vida.

B.A. 19 años. Transcripción literal.

Cuando llegué a terapia, recuerdo estar muy deprimida, perdida, sin encontrar una salida a esa tristeza infinita de cada día. Estresada, agotada y muy insegura de mí misma.

Estaba también buscando algo en qué creer e investigando si Dios existía, hasta que me rendí.

Había comenzado a leer un libro sobre la espiritualidad, pero no llegué a profundizar en ello.

Al llegar a terapia con Claudia, recomendada por una amiga de mi mamá, y comenzar a experimentar con meditaciones y charlas me fui dando cuenta de la conexión que había entre las emociones y lo que muestra el cuerpo.

Fui sintiendo cada vez más la mejora en mi cuerpo y el alivio en la "mente", entendiendo la vida a nivel energético, lo que me llenó por completo.

Entré en confianza porque me parecía una persona completamente abierta, sincera, cálida y con muchísima sabiduría en lo esotérico y al sentir eso principalmente, pude liberarme a contar mis más profundos problemas e inseguridades, sintiéndome segura de que me entendería.

Siento que logré mejorar casi todos los aspectos que quería cambiar en mi personalidad, con respecto a mis emociones y mis creencias.

Lo que voy a escribir a continuación son las razones que me llevaron a ese estado insoportable de depresión. Durante la secundaria sufrí de bullying por varios años, eso quiere decir, pasar por burlas, ser ignorada, que te contesten mal sin razón, que te dejen de lado, y que te amenacen, entre otras cosas. Cuando llegaba a casa después del colegio no podía despejarme por el estrés que había en casa y la falta de alegría.

Tampoco tenía tiempo libre ya que lo gastaba yendo a algunas clases de apoyo debido a que no lograba entender las materias. Tenía pocos amigos y una gran necesidad de estar con alguien, de tener una pareja.

Siempre me sentía sola y no había nadie que pudiera entenderme, las pocas personas que quizá sí me escuchaban no lograban levantarme el ánimo o darme una solución.

Siempre era yo la "rara", la que estaba fuera de lugar, la diferente, la que nunca encaja.

Respecto a mi vida amorosa, me enamoraba muy fácil, me arriesgaba a intentar algo con esa persona, pero se convertía en algo vicioso.

Era algo obsesivo de mi parte y me volvía dependiente de esa persona. Ocupaba la mayor parte del tiempo pensando en eso descuidando mis otras prioridades.

Era terrible la desilusión al sentirme rechazada y al no lograr gustarles por completo. Con los hombres que lograba formar "algo" resultaba ser que me terminaban usando o huían del compromiso. No sabía decir que no o poner algún freno.

A través del tiempo, profundizando en mi ser, pude ir corrigiendo esos aspectos en mí. Pude salir del lugar de marginada, entendiendo que era un aprendizaje en mi vida y me fortalecí con ello.

Aprendí a quererme, a hacerme respetar y a ser paciente en esperar al hombre adecuado para mí, que supiera respetarme y querer compartir un camino juntos.

Mi novio actual llegó a mi vida una vez que yo estaba bien conmigo misma. Actualmente tengo buenas amigas y me está yendo bien en lo que estoy estudiando. Es muchísimo menor mi nivel de estrés. Las cosas en mi familia mejoraron y logré ordenar después de tanto tiempo mi vida. Otros temas que abarcamos en terapia fueron la hipocondría, el temor a manejar un auto, el miedo y la angustia constantes, el odio, las inseguridades sobre la sexualidad, el miedo al abandono, y la traición.

B.A. llegó a consulta en un estado de confusión severo, la fragilidad, timidez e inseguridad hacían que su voz apenas se oyera cuando hablaba, se confundía mientras se expresaba, porque perdía el hilo de lo que narraba. Su autoestima era imperceptible, la dificultad para encontrar un espacio de calma y entendimiento en su hogar era muy difícil, ella era la hija menor que todo hacía mal y a la que se comparaba continuamente con sus hermanas mayores poniéndolas una y otra vez como ejemplo a seguir. Su estado de melancolía, desgano y tristeza era tan severo que había deseado un par de veces dejar de vivir y sufrir. La posibilidad de quitarse la vida la había tentado en alguna ocasión, no le encontraba sentido a una vida tan sufriente.

Los últimos años de colegio habían sido una verdadera tortura psicológica, sus compañeros la maltrataban continuamente o en su defecto la ignoraban, el desprecio era a diario y a tal punto que no tenía capacidad de concentración, ni retención de conceptos, lo cual la habían hecho bajar su rendimiento abruptamente comparado a su primaria, en la que se destacaba por tener notas sobresalientes, en cambio en su etapa secundaria pasó a llevarse materias y no poder rendirlas bien por varias fechas.

Lo que más padecía era de una extrema soledad, tan honda que llevábamos sesiones y sesiones revivenciándola para desactivarla un poco más cada vez.

Su mente estaba bloqueada a causa de la psicopatía que le generaba todo el grupo humano a su alrededor. No había manera que pudiera retener lo que leía y eso le dificultaba la posibilidad de seguir una carrera universitaria, aunque era lo que tanto ansiaba.

Las relaciones con varones de su edad eran abusivas, intentaban sacar ventaja de ella y luego descartarla, desvalorizada e ignorada.

En cualquier aspecto de la vida que analizábamos la posición que ocupaba era la misma, ignorada y desvalorizada por el entorno escolar, familiar, por sus amistades y por los chicos que le gustaban.

Su sufrimiento era tal que su mente estaba absolutamente bloqueada para retener conocimiento e información alguna. Con el tiempo avanzábamos en la terapia, al aliviarla de sus emociones más densas se mostraba cada vez más interesada, alegre, entró a un instituto de arte en donde la exigencia no era tal alta para que fuera ejercitando la posibilidad de volver a los exámenes sin entrar en estado de shock amnésico. De a poco fue dando materia tras materia, al año y medio se entusiasmó para volver a anotarse en la carrera de psicología que había tenido que abandonar por su falta de interpretación de textos y el bajo rendimiento en los exámenes.

El estado de dolor y sufrimiento era tan profundo que pasamos sesiones y sesiones metidas en revivir situaciones traumáticas. B.A. se sorprendía como iba cambiando su entorno a medida que recobraba el valor en sí misma, la alegría, la ganas de hacer cosas y reacomodaba su vida social al dejar de estar tan obsesiva de pertenecer a círculos de amistad y de ser dependiente de otros.

El camino transitado juntas fue fantástico, verla florecer como un capullo de una hermosa flor y lucir su esplendor semana a semana. Nada más motivador que trabajar con una jovencita que tiene todo el camino por delante y acompañarla a pararse sobre sus propias piernas y sentirse segura que podrá caminar sola. Todo lo que necesitamos para saber vivir y superar los obstáculos lo llevamos adentro, el punto es que se vuelve muy difícil cuando el sufrimiento es muy grande, como intentar ver claro con los ojos llenos de lágrimas.

Hoy estudia dos carreras con un excelente rendimiento, ha logrado organizar su estudio y sus prioridades a partir de estar centrada en ella misma.

El trabajo en conjunto le mostró una y otra vez para que tuvo que sufrir tanta desvalorización y entendió que el valor debía de pasar por ella misma, dejar de estar atenta a la mirada u opinión ajena y escuchar su voz interior a cada paso. B.A. era muy metódica con sus meditaciones y las hacía todos los días navegando sus emociones hasta lo más profundo, valiente y consciente para no ser presa de estas y poder encontrar las respuestas a cada paso, aliviarse y pararse de nuevo sobre su eje. Una y otra vez ejercitaba lo mismo con ahínco y perseverancia, ejemplo y herramienta que utiliza hasta el día de hoy. En la actualidad, nos vemos una vez cada tanto, cuando siente que perdió el eje o cuando algo muy significativo se suscita.

Reconozco que esta jovencita me conmovió desde el comienzo por su determinación, compromiso y aptitud para entender desde un mirada más espiritual de que se trata su experiencia de vida, que no le sucedían estas cosas para castigarla, sino para poner a prueba ciertas emociones y fortalecer sus recursos, potenciándolos.

Y así lo hizo, no dudo que será una excelente terapeuta.

Nada mejor que una persona que pasó por los infiernos emocionales más grandes para poder guiar y motivar a otros a que sí se puede.

V.G. 42 años. Transcripción literal.

Mi vida como sobreviviente.

Llegué a Claudia por mi hermana, quien la recomendó con mucho cariño —además de ser mi hermana y confiar en ella me gustó la forma en que lo hizo.

Me encontraba en una etapa de mi vida muy difícil. Venía con traumas no resueltos de mi infancia, un ACV tratado médicamente pero no emocionalmente; un embarazo perdido con mucha culpa; internaciones y estudios por enfermedad de mi hijo; tenía que afrontar la muerte de una hermana, cargaba sobre mi espaldas personas, problemas, sentía que mi cabeza iba a estallar y muchas veces mi cuerpo colapsaba por ese motivo. Trastornos de ansiedad o diferentes enfermedades, depresión, palpitaciones, pérdida de peso eran algunos de mis padecimientos.

Tomaba antidepresivos y ansiolíticos guiada por una psiquiatra a quien veía una vez al mes solo 30 minutos. Y cuando yo le decía que quería dejarlos… ella se negaba.

Mi única experiencia en terapia antes de conocer a Claudia fue muy diferente. La psicóloga me llamaba "Mónica" jajaja —le costaba retener nombres— miraba poco a los ojos, su postura corporal apuntaba hacia una ventana y entre ella y yo había tres metros de distancia —no me importaba tanto la distancia física como la energética y espiritual. Era fría y distante, entiendo que son recursos y reconozco que iba porque me servía para no profundizar en mi problemática y evadir. Su terapia se basada en el hoy, o en algún momento puntual. Era muy superficial. No iba hacia atrás ni tampoco me guiaba hacia mi interior para profundizar, transitar, dejar fluir mis emociones y miedos que estaban dentro mío.

Mi primera sesión con Claudia: *El Holter es tu amigo.*

Toqué a su puerta. Cuando me abrió me sorprendió, además de tener una presencia que deslumbra, me encontré con su cariñoso saludo y una muy linda sonrisa. Una energía muy especial me envolvió y desde que subí por primera vez esa escalera, nunca más dejé de subir, metafóricamente hablando, ya que sentí que de nuevo recobraba mi vida, mi entusiasmo, mi esencia y comenzaba a sentirme para arriba de nuevo.

Estaba conectada a un Holter cardiaco que sonaba, se inflaba y desinflaba en medio de la charla, yo me mostraba incómoda y le dije que no lo soportaba más. Entonces ella me dijo algo que me sorprendió: *No lo odies. El Holter es tu amigo al igual que cualquier síntoma que presentes. No tengas miedo.*

Dispuesta a salir adelante al costo que sea, fui con mucha fe y también con una gran armadura con la que vivía.

Me acuerdo la primera vez que cerré los ojos y me dejé llevar por sus palabras… no puse ninguna barrera ni resistencia, sentía que no tenía que protegerme de nada sino más bien entregarme. ¡Qué liviana me sentí después!

Dejar de luchar, parar de contener, dejar de frenar emociones, evadir para no querer sufrir.

Recorrí por primera vez la mente y cada parte del cuerpo reconociendo emociones. Fue muy fuerte ¡pero sentí que en ese lugar podía volar!

Mis primeras batallas.

Con el transcurso de las sesiones sentía que la intensidad de la ida, encuentro, crecía y cada vez podía viajar más adentro mío.

Explorar lugares de mi mente que nunca imaginé. Transitar traumas y miedos fue muy difícil, a veces, horrible y desgarrador.

Con mis ojos cerrados y en plena batalla interna, muchas veces yo misma me repetía: *Vos podés y ella está con vos.*

Sabía que nada malo podía pasarme. Siempre me transmitía mucha seguridad y confianza.

Ella para mí es una "psicóloga guerrera".

En las sesiones siempre es el paciente el que habla y se da a conocer, pero puedo decir que algo conozco de ella. Con el tiempo me di cuenta de que no solo habla desde lo académico sino también desde su experiencia de vida.

Una mujer que se hizo lugar después de luchar, sufrir, hacerse cargo de mucho y afrontar sus propios miedos. Transitó sin duda un camino de dolor y sufrimiento, pero hizo mucho desde su interior para salir.

Tiene una gran sensibilidad y eso inunda las sesiones, haciendo que puedas abrirte sin temor, sabiendo que ella va a entender lo que te pasa sin juzgar y ese espíritu de guerrera te va a sacar adelante poniéndolo todo de sí.

La simpleza de su lenguaje y las ideas que trasmite para que la entiendas son clave. ¡Me encanta su espontaneidad y sentido del humor! ¡Es auténtica!

¡Dejar de sobrevivir para vivir!

Así es como me siento hoy gracias a ella. ¡Hoy VIVO la vida!

He vuelto a conectarme conmigo misma. Sigo en proceso de crecimiento interior y me falta mucho trabajo aún, pero me siento libre y viva, otra vez.

Aún tengo que fortalecerme más. Conquistar miedos y superar debilidades.

Aprendí que la vida es un cambio constante y para eso tengo que ser flexible. Permitirme sentir las emociones, dejarlas que recorran mi cuerpo, interpretar y ver donde se alojan, escuchar mi interior.

No tener miedo a "sentir" y dejar fluir. Cada uno se enfrenta a diario con batallas internas, tenemos fortalezas personales y también debilidades que son propias de cada uno.

Lo aprendido.

Hoy en día puedo reconocer mis fortalezas, se cómo trabajarlas para contrarrestar mis debilidades. Fortaleciéndome mucho podré hacer frente a las amenazas y oportunidades que vienen del mundo externo.

Si yo estoy fuerte puedo aprovechar y disfrutar de una oportunidad que me de la vida, o lo contrario, hacer frente a la amenaza que se me plantee.

Estoy recuperando la confianza en mí misma, puedo resolver una situación difícil sin tener que recurrir a un antidepresivo. Me saqué la etiqueta que tanto me costó llevar y que nunca nadie más me la pondrá.

¡Siento más energía!

Me relajo, disfruto, espero, porque ahora sé que ¡el universo proveerá!

Este cambio en mí influyó directamente en mi familia.

Siempre me gustaron los desafíos. Durante una larga etapa de mi vida ese espíritu aventurero se apagó, ahora me habla nuevamente.

Estoy conectada con mi marido e hijos. Puedo ver que nuestros vínculos van creciendo y fortaleciéndose.

Aprendí a no esperar el cambio en el otro porque esta es la solución más fácil. ¿Por qué no empezar uno con el cambio?

A partir de esta nueva actitud mía, el resto fue percibiéndome y decodificándome de otra manera.

Mi esencia es simple, libre, clara y trasparente. Soy fiel a mis sentimientos. Amo vivir y todo lo que implica hacerlo.

Mi entrega es profunda. Amo la libertad y me di cuenta que estaba presa dentro mío.

Tengo más energía, hago las cosas que disfruto como el deporte, salir al aire libre con mis hijos y marido, busco el contacto con la naturaleza el agua, la calma.

Me tomo tiempo para divertirme con amigas ¡me gusta mucho salir y compartir momentos con ellas!

Disfruto de las reuniones familiares, a mis hermanos los veo como adultos, ya no como niños que están a mi cuidado.

Estoy aprendiendo a alejarme de lo tóxico, de que nadie me imponga ni retenga. Imponer límites sobre mi cuerpo energético y, sobre todo, mi entorno es parte de ser libre, de la libertad ¡SANA!

Siempre fui de rescatar lo bueno de lo malo… hasta de verle lo positivo o aprender de eso. ¡Hoy en día he vuelto a hacerlo!

¡Confío más en mí y me quiero más!

Tengo un largo camino por recorrer y de aprendizaje. Estoy feliz de haberla encontrado. Me enseña mucho y de la manera más intensa que imaginé. Como siempre digo, se ganó un lugar en mi corazón. ¡Gracias será una palabra que siempre le diré! ¡ADIÓS… no te la diré JAMÁS!

V.G. Llegó con un cuello ortopédico y un Holter, así estaba esperando detrás de la puerta, su cara demostraba desazón, desesperanza, agotamiento y al comenzar a trabajar un enorme miedo a la enfermedad.

La fuerza de la empatía y relación que logramos permitió todo lo que ocurrió después.

Su cuerpo físico había estado muy comprometido en diversas ocasiones, era la víctima de toda su emoción contenida, despertaba la alarma de aviso, pero como ella se sobre adaptaba tanto a los acontecimientos que, cuando los síntomas asomaban ya eran graves. Trabajamos muy arduo en el reconocimiento de las emociones en el cuerpo para desactivarlo lo antes posible y que dejara de padecer.

Muy pronto dejó los psicofármacos. V.G. logró mejoras muy rápido, aunque traía un cuerpo colapsado.

A medida que avanzábamos íbamos conectando los avisos sintomáticos como metáfora del padecimiento de su corazón. Entendió que su accidente cerebrovascular fue lo que el cuerpo metaforizó cuando las emociones le explotaban la cabeza y quería evadirse de semejante presión.

Así el miedo a la muerte y la enfermedad se hicieron presentes continuamente, lo había padecido de chica, su madre con rasgos hipocondríacos viajaba continuamente con un maletín lleno de remedios, el fantasma de la enfermedad era un personaje más en esa familia y el riesgo físico algo con lo que se había criado. "Cuidado al subir el árbol", "no te vayas a caer", "cuidá a tu hermanos", "no se lastimen" fueron anuncios que se instalaron en su inconsciente grabándole todos los peligros que podría padecer por ser libre y expresarse de esa manera por la vida, justo lo contrario a su personalidad.

Los miedos se hacían cada vez más vívidos y formaban parte de cada uno de sus días, estaba imbuida en estos y había perdido por completo el equilibrio de sí, la sensación de tener que controlarlo todo se convirtió en algo que no podía ejercer sobre su salud. La muerte accidental de una de sus hermanas fue el

Me daba vergüenza ser tan feliz. Había encontrado hacía unos años al amor de mi vida y todo había sido como debía ser: puro compañerismo, respeto, proyectos, mucha alegría, mucha paz, mucho amor.

Construimos en poco tiempo una casa y una vida, a la que unos años más tarde se sumaron sus tres hijos, después del duro trance de tener que atravesar la muerte de su mamá, que había peleado contra un cáncer durante cuatro años.

Dedicamos esos últimos dos años casi enteramente a armarles a los chicos esta nueva vida con nosotros, y todo estaba dando sus frutos.

Ellos estaban cada vez mejor, ya habían sacado la cabeza del agua, ya parecíamos una familia que convivía hacía mucho tiempo.

Salíamos juntos, viajábamos juntos, disfrutábamos juntos de muchas cosas. Mi pareja estaba feliz y yo más aún.

Fue una noche de miércoles, habíamos cenado todos juntos y estábamos en la rutina de cada noche antes de acostarnos, viendo tele, contestando los últimos mails del día, firmando cuadernos del colegio, tomando el té de cada noche de invierno en la cama. Le dolía la boca del estómago, caminó un poco por el pasillo y me dijo que bajaba a la cocina a buscar agua.

Nunca más subió. Me quedé dormida y cuando desperté media hora después, al no verlo en la cama pensé que se habría quedado dormido en el sillón del living. Bajé y lo encontré tendido en el piso de la cocina boca arriba. Muerto.

Imposible de procesar. Empecé a gritar llamando a los chicos que ya estaban durmiendo y me arrojé encima suyo tratando de hacerlo reaccionar, desesperada, como si se pudiera rescatar a los gritos y a las sacudidas un poquito de vida restante en algún rincón del cuerpo inerte de la persona que uno más ama en el mundo, como si se pudiera "agarrar" la vida de alguna manera.

Dolor indescriptible.

Sentía que me quería morir con él, ni más ni menos. En segundos mi cabeza explotó, mi cuerpo se quebró y experimentó el dolor y la desesperación más hondas que alguien pueda imaginar ante lo irreversible e innegable.

Arrodillada en el piso a su lado mientras intentaba de todo, hasta levantarlo a pesar de lo corpulento que era, levanté la cabeza y entonces vi a sus tres hijos, parados a metros nuestro, uno al lado del otro, paralizados y desfigurados por la desesperación.

A pesar de mi dolor y mi negativa a vivir sin él en este mundo, me hizo saber de algún modo que tenía que levantarme y ayudar a esos chicos que habían quedado solos y devastados.

Mi desesperación y dolor adulto no eran nada en ese momento comparado con el dolor adolescente de ellos tres, con sus 13, 17 y 20 años, viendo a su invencible y saludable papá muerto en el piso, cuando aún no se habían cumplido dos años de la muerte de su mamá.

Sin aviso. Sin ningún indicio de que algo así podía pasar. De la salud total a la muerte súbita. No hay cabeza ni corazón que puedan procesarlo. Aún hoy no me es posible recordar y escribir sin sentir que se me retuerce el corazón de nuevo, a pesar de que ya pasaron dos años.

Y entonces me quedé con ellos, que ya no tenían ni mamá, ni papá, porque así debía ser. Porque ya eran mi familia, porque son los hijos del amor de mi vida y porque mi destino sin ninguna duda era este.

Muchos me decían "qué suerte que estás vos con los chicos", a lo que yo respondía y sigo respondiendo "qué suerte que están ellos conmigo". Yo no tenía hijos, mi pareja era la persona más importante en el mundo para mí, y si no hubieran estado ellos como razón fundamental para levantarme al día siguiente, y al otro, y al otro, no sé qué hubiera hecho.

Todo esto que recién ahora puedo contar sin llorar y a modo de historia, jamás hubiera sido posible sin la ayuda de Claudia, mi psicóloga.

Una amiga en común me preguntó a los pocos días de la muerte de mi pareja, qué pensaba hacer, si podría seguir sola, si no me parecía bien algún tipo de ayuda, que acepté de inmediato, porque no tenía la menor idea de cómo hacer, de cómo levantarme de ese dolor, de cómo procesar lo que acababa de ocurrir y seguir viviendo al mismo tiempo.

Llegué a lo de Claudia por primera vez quebrada, no podía ni siquiera caminar erguida, el dolor me aplastaba.

Mi sensación era la de vivir todo el día con una estaca clavada en el pecho. Claudia me recibió con una compasión, un cariño y una mirada increíbles que me hicieron saber de inmediato que estaba en el lugar indicado.

Lo primero que hizo fue hacerme meditar (algo que yo no tenía idea en qué consistía), y entonces sin entenderlo yo explicaba a mis afectos más cercanos "no sé lo que es meditar, solo sé que esos son los únicos momentos en los cuales la estaca clavada se afloja y puedo sentir un poco de tranquilidad".

Yo estaba llena de dolor y de preguntas.

No me había interesado hasta ese momento qué había después de la muerte, no es algo que uno se pregunta demasiado a los 45 años, cuando lo que más quiere lo tiene de este lado de la vida.

De a poco fue explicándome cómo es todo esto que yo jamás me había preguntado, en qué consiste esta vida que estamos viviendo, cómo es ese paso de las almas al otro lado.

Yo, ahora, sí estaba desesperada por entenderlo porque la persona que yo más amaba ya no estaba más conmigo sino de "ese" otro lado.

Había sesiones en las cuales no podía hablar de lo que lloraba, y Claudia me alentaba a llorar todo lo que necesitara, a gritar a viva voz toda mi bronca y mi impotencia frente a lo que me acababa de ocurrir, a permitirme en ese instante "morirme" con él, como hubiera querido en un principio, tantas veces como fuera necesario hasta sacar toda esa angustia y ese dolor, insisto, indescriptibles.

Perder al amor de tu vida es como una mutilación, es quedarse del otro lado de una conversación telefónica que se cortó y que nunca más se va a reanudar, sin haberte podido despedir. Es entender de repente que todos esos planes y ese futuro soñado se evaporaron en un segundo, es quedarse totalmente desnuda, ínfima frente a un mundo del que uno se quisiera eyectar.

Esos primeros meses fui a verla varias veces a la semana, llena de preguntas que ella trataba de responder, llena de angustia que ella trataba de acompañar y a la vez disipar. Todo lo que Claudia me explicó lo acepté y jamás lo puse en duda porque las certezas son así, se tienen o no se tienen.

Y luego vinieron las cataratas de señales para demostrarme que lo único que se termina es la presencia física, y que la muerte es en realidad un paso hacia algo mucho mejor. El dolor está de este lado, el dolor no es la muerte, el dolor es esta y cada una de las vidas que nos animamos a vivir, en una especie de masoquismo orientado a la evolución...

Hoy sé que todos tenemos un destino elegido de antemano, y que todo está pactado por nosotros mismos. Desde la mayor felicidad hasta los dolores más grandes, pasando por las personas con las cuales uno debe cruzarse en determinados momentos de su vida para poder seguir avanzando y evolucionando. Claudia fue la persona más importante que conocí desde su muerte, y sin duda estaba en mi destino que fuera ella quien me ayudara a orientarme y seguir en esta "segunda parte de mi vida", como yo decidí llamarla.

En ella hay una sabiduría que no tenemos el resto de los mortales y lo mejor de todo eso es su devoción por compartirla, por ayudar a tantos a despertar y a entender.

La recomendaría a cualquier persona que le toque atravesar en su vida por algún momento parecido al mío, porque su contención, su enorme conocimiento y su poder de acompañar son altamente sanadores.

Claudia fue mi psicóloga y mi amiga, desmitificando toda esa corriente que reza que no se deben tener lazos afectivos entre profesionales y pacientes, porque así es ella: puro amor, mezclado con su increíble capacidad, lo que la convierte en una persona que brilla de un modo contagioso y sanador.

L. J. llegó a mi consultorio recomendada por una amiga en común, cuando supe de su historia reconozco que mi corazón se estrujó, el amor de pareja de esta intensidad es algo que es muy difícil de encontrar y que se quiebre súbitamente me resultó impactante y conmovedor. Al conocerla me enterneció aún más.

Su entereza era tan clara, estaba tan receptiva y confiada en que yo la podía o tal vez la debía de ayudar que no había otra alternativa, ella con tres chicos a cargo era algo que nos invitaba al éxito.

Y así fue, sesión tras sesión estaba abocada a quitarle la angustia agobiante de una pérdida semejante, esa angustia se puede vivir como una presión o como ella la padecía, una estaca intensa quemándole el pecho.

Ese era el punto más importante y además adentrarla lentamente en el mundo más sutil de las almas desencarnadas, información de la que estaba ávida por saber. Recuerdo que necesitaba afanosamente encontrárselo, sentirlo de nuevo.

Me especializo en el hemisferio derecho y los duelos se trabajan muy bien desde allí, se logra desactivar la angustia desgarradora que se vive por la ausencia.

A través de la meditación logramos un estado alterado de consciencia que nos permite contactar con la sutileza del alma de la persona que ya no se encuentra viva en cuerpo físico, pero sí en energía.

Una vez liberada la persona de tal emoción negativa, encuentra un estado de calma profunda y allí se logra el contacto con el Ser amado fallecido.

Es uno de los trabajos que más satisfacción me da, pasé muchos años de mi vida sintiendo una pérdida irreparable y después de una increíble experiencia haciendo un curso de hipnosis sané mi dolor para siempre.

Posteriormente, implementé lo experimentado para guiar a otras personas a vivirlo.

Luego de esa experiencia podemos sentir algo de tristeza por momentos o extrañar físicamente a la persona, no obstante, la calma y el entendimiento nos aplaca el dolor para siempre y la angustia aguda desaparece.

Eso fue lo que ocurrió con L.J. cada vez sería más alivio a pesar de estar viviendo la pérdida más importante de su vida.

Pasaron los años, todos crearon una increíble familia en donde se entienden, crecen y comparten un mundo mucho más espiritual, sensible e intangible que antes de todo esto nadie conocía.

Fue un enorme placer trabajar con ella.

07

EL PODER DE TU CAMBIO PERSONAL

Psicología emocional, un nuevo paradigma

La psicología emocional es la esperanza de la humanidad.

Estábamos perdidos en las infinitas preguntas y respuestas, dando vueltas sin parar. La psicología tradicional cortaba en pedazos al individuo para observarlo y describirlo, le separaba la conducta para inferir sus razones, lo colocaba en un medio para justificar sus traumas, pero siempre dividiéndolo, sectorizándolo, sin analizarlo desde una óptica integral.

Es entendible que la psicología haya hecho todo eso porque no es más que el recorte de una idiosincrasia compartida en una época determinada, atravesada por la filosofía de cada momento. Ahora estamos a las puertas de un salto de la humanidad y como tal requiere de una visión abarcativa, tanto del Ser humano inmerso en un entorno que necesita una mirada más compasiva e integradora como una comprensión íntima y profunda que lo ayude a descifrarse y comprenderse para habitar con otra consciencia —como nunca sucedió.

Existir en esta época nos invita a ser responsables, a entender que somos parte de algo más grande que nuestra propia individualidad. Nos dirige hacia la red que conformamos con otros y cómo esta red social es contenida por un ecosistema natural al que hay que atender y cuidar como extensión nuestra, al tiempo que somos partícula de ese mismo sistema que nos contiene.

La filosofía y teoría de pensamiento actual es la de tener consciencia de que somos un complejo sistema que funciona como una malla y que es atravesado por otros sistemas que coexisten cada uno con su propio equilibrio. En este complejo cruce se comprende lo importante que es la propia homeostasis porque al devolvernos continuamente al eje y a nuestro propio equilibrio resonamos esa vibración a nuestro entorno en red y esta al sistema más abarcativo que nos contiene.

A su vez, desde la humanidad llega de modo más grotesco la imposición de un cambio necesario, revoluciones, rebeliones, pandemias, refugiados, muestran continuamente que los bordes desaparecen frente a nuestros ojos. Son incontenibles, todo lleva a pensar que somos una malla entrelazada, ya no más un grupo o una comunidad, somos una red humana que abarca a todos los seres vivos y minerales de este planeta. Por eso el alto compromiso de estar en eje y aprender a trabajar con la Psicoemoción para estar en equilibrio, porque es la única garantía de pasar bien estos años que serán de mucho cambio exterior, como expresé, de un cambio brutal que no nos pedirá permiso para romper nuestras vidas, si eso es necesario para entender, de qué se trata este salto de la humanidad, su nueva filosofía de pensamiento.

Mirando esta realidad desde una macro visión hemos llegado a un punto de quiebre, la individualidad y el egoísmo han hecho que destruyéramos todo a nuestro paso. Los pequeños grupos que conformábamos hemos arrasado con los recursos naturales del entorno y este nos ha pagado con la misma moneda, inundaciones, sequías, terremotos, incendios, pestes.

También hemos ido contra nuestros pares, por este motivo es el despertar del individuo desde el respeto y la compasión, que tiene el poder para rearmar la red que estaba destruida. No obstante, es una misión imposible si no comienzas por ti mismo. Cómo entender a los otros si no te comprendes, cómo sanar el entorno si estás enfermo de sufrimiento.

Por esto la Psicoemoción concibe un ser humano integral e integrado a un entorno del que es parte y que lo condiciona, de esta manera todo empieza a sanar desde adentro hacia afuera, el individuo sanando sus propias heridas, sana las heridas que provocó en los otros y en la naturaleza.

Desde el otro lado, de afuera hacia adentro, la naturaleza impacta con la fuerza necesaria para que el ser humano despierte. Si este lo hace conscientemente, atiende su miedo y la angustia provocados por hechos de la naturaleza y activa rápidamente sus recursos de auto nivelación vuelve al eje, como lo hemos visto en los capítulos anteriores. Si observa y reconoce sus emociones puede acelerar su proceso interno de homeostasis, requilibrarse y estar mejor parado para los embates que pudieran surgir desde afuera. De lo contrario seguirá debilitándose, pereciendo, quedando en el camino del sufrimiento y padeciendo las fuerzas del entorno sobre ti.

Cuanto más ignorantes de este cambio del planeta y de la humanidad más sufriremos, porque querremos mantener inmóviles las formas de nuestro viejo estilo de vida y eso ya no existirá más, nunca más.

Mi trabajo me ha llevado a descubrir lo que considero el salto más grande del individuo hasta hoy, concebirse completo, incorporando lo sutil al entendimiento de su propia existencia, las emociones y el alma. Ambas resultan clave para entender que allí se encuentra la llave a la liberación de todo su sufrimiento.

La Psicoemoción trabaja desde la emoción que habita el cuerpo y la emoción que trae en su memoria el alma, encontrando siempre la misma respuesta, la sanación.

La respuesta y mejora de los pacientes que utilizan esta modalidad, en comparación a las terapias tradicionales es ampliamente mayor y comprobable a simple vista.

Los beneficios que genera en el individuo ya han sido comprobados científicamente en otros capítulos y la garantía en el tiempo confirmada.

Por todo esto, no me cabe la menor duda que la psicología emocional es hoy por hoy el mejor abordaje que pueda realizar una persona consciente y decidida a ser parte de sí y del todo.

Pensamiento final

Una nueva humanidad se acerca, estemos atentos a entenderla, sin resistencias, porque viene para mostrarnos los cambios necesarios que tendremos que hacer de forma personal para estar mejor y compartir de otra manera, más equitativa y consciente.

Las herramientas las tenemos, solo debemos de practicar la manera de utilizarlas.

A lo largo de todo este libro fui describiendo como estamos conformados, nuestra biología y psiquis, las relaciones intra e interpersonales, las capacidades transpersonales y el poder de la mente. Cuales son los puntos en donde debemos poner atención para madurarlos y transformarlos en recursos adquiridos a fin de utilizarlos fácilmente en distintas áreas. Al entenderlos y conocerlos mejor podremos aplicarlos para sanar.

La sanación está en nosotros. A veces requerimos una guía ya que el desafío emocional es grande, el trauma profundo y solos se nos hace arduo lograrlo. Si mantienes la guía de este libro podrás ser tu propio sanador, volver al eje todas las veces que sea preciso.

La vida es una constante fluctuación y el equilibrio es movimiento. Todo cambia continuamente, no te desilusiones si vuelves una y otra vez a la misma herida, al mismo dolor, o si tus emociones te abaten, de eso se trata nuestro camino de evolución emocional y para evolucionar hay que experimentar.

El nuestro es un paso continuo por una vida de experiencias.

Somos protagonistas del destino, podemos empezar a partir de ahora a construir un camino, paso a paso, como tanto lo deseamos. Todo está en nosotros, todo depende de nosotros y somos responsables de ello.

En distintos capítulos recorrimos la conformación del Ser para que al entenderla puedas aplicarla de la mejor manera posible.

Sin lugar a duda, al superar el aturdimiento de la razón, nos encontramos con la profundidad sombría de las emociones y si logramos atravesarlas saldremos victoriosos iluminando nuestras vidas.

La psicología emocional o Psicoemoción ha demostrado contundentemente las capacidades para el logro de nuestro **cambio personal**.

La modificación de patrones de conducta, la liberación de traumas, las capacidades con las cuales cuenta cada ser humano para sobrellevar las dificultades a que lo somete la vida son algunas de las herramientas que hemos explicado en estas páginas.

El poder de tu cambio personal se encuentra ahora en tus manos, en tu corazón y en tu alma, es tuyo. Solo hace falta que lo decidas y pongas en marcha lo aprendido. El poder será tu guía para que, cuando sientas perderte, se transforme en la antorcha de tu camino.

Ya nunca estarás a oscuras, ya nunca más te perderás. Seguiremos juntos a partir de ahora.

Nada es casual y que me hayas encontrado te dice que estás preparado para dar el **gran salto**, ese que tanto deseas.

Sanar esas heridas, tu cuerpo, tu mente está de tu lado. Te compartí todo lo que necesitas saber sobre ti, ahora es tuya la decisión de **vivir como siempre lo deseaste**.

No olvides la conformación del átomo. El espacio donde la magia sucede es el 90%, así es nuestra vida. Para ello, tienes que mirar siempre con los ojos del alma, los físicos te engañarán, recuerda lo pequeña que es la partícula.

Eres el hacedor de tu vida, madura tus dones, sabiendo que es un largo camino, pero depende de tu decisión vivir plenamente.

Dispone de un segundo para llenarte de fuerza y decir en voz alta y muy fuerte: "Hoy es el día en que decreto que así es cómo quiero vivir."

Gracias por acompañarme a través de estas páginas, sin duda nada será igual a partir de ahora.

Cada idea llena de energía, cada palabra que resonó en tu Ser a medida que leías quedarán selladas en tu razón, emoción y alma para que, a partir de ahora sientas diferente, respetes tu Ser, te acompañes con más aceptación y comprensión en el largo y por momentos sinuoso camino de vida.

Sé amable, respetuoso, compasivo, recordando que cuanto mayor sea tu vibración más agradable será el entorno que te abrace.

Por siempre y para siempre,

Claudia

CONTENIDO